KB060972

2023 대한민국 재테크 트렌드

2023
대한민국
재테크 트렌드

조선일보 경제부 엮음

일에일북

멀미 나는 시장에서 살아남는 항해법이 될 수 있기를

지난 몇 년 동안은 경제부 기자에게 가장 힘겨운 시기가 아니었나 합니다. 2020년 초 코로나 팬데믹이 세계를 강타하고서 증시가 잠시 곤두박질을 쳤습니다. 전 세계 정부와 중앙은행이 일제히 돈 풀기에 나서자 지금껏 보지 못한 모든 자산의 가격이 반등을 넘어 과열되기 시작했습니다. 미국의 주요 경제지표는 보통 밤늦게 발표되는데, 코로나 초기에 조마조마한 마음으로 실업수당 청구 건수나 실업률 같은 통계를 기다리다가 어마어마한 수치를 보고 넋이 나갔던 기억이 납니다. 혹시 단위를 잘못 센 것이 아닌지 기사를 보내기 전에 세고 또 세야 할 정도로 당시의 충격은 컸습니다.

코로나로 전 세계가 봉쇄되고 가게들이 문을 닫으며 모두가 집에 머물러야 했던 공포의 시간이 흘러가는 동안 자본시장은 예상치 못한 방향으로 치달았습니다. 정부와 중앙은행이 인류 역사상 가장 큰 규모로 돈을 찍다시피 해서 풀면서 증시, 채권, 가상자산 할 것 없이 가격이 폭등한 겁니다. 정부가 돈을 풀었지만 식당도 술집도 백화점도 문을 닫은 판에, 갈 곳을 잃은 돈은 투자 시장으로 몰렸습니다. 투자 붐을 일으키며 정신 차리기 어려운 '모든 것의 랠리'에 불이 붙었습니다. 미국 대학원에 유학 중인 후배가 한 말이 기억납니다. "어느 날 보니 정부에서 보낸 돈이라고 수백 달러가 통장에 꽂혀 있더라고요. 할 일도 없고… 그 돈으로 바로 주식 샀어요."

그때 유행하던 말이 'FOMO'입니다. 'Fear of Missing Out', 즉 '기회를 놓칠지 모른다는 공포'에 너도나도 앞다퉈 투자에 나섰습니다. 장기간 이어진 초저금리 덕에 돈을 빌려서 투자하기도 쉬웠습니다.

그로부터 3년이 흐른 지금, 세상은 다시 한번 뒤집히고 있습니다. 코로나로부터 세계가 어느 정도 한숨을 돌리고 마스크를 벗어볼까 하자마자 인플레이션이라는 또 다른 (역시 아주 오랫동안 보지 못한) '괴물'이 세상을 휩쓰는 중입니다. 이에 맞서 미 연방준비제도를 필두로 중앙은행들이 가파른 기준금리 인상에 나서면서 '초저금리에 돈이 넘쳐나던' 재테크 환경은 어느새 '고금리에 돈이 부족한' 시대로 다시 한번 뒤바뀌고 있습니다. 일반 시민의 입장에서는 안 그래도 물가가 올라 살기가 어려운데 금리까지 상승하니 곱절로 어려운 때를 보내게 되었습니다.

조선일보 경제부가 마련한 '2023 대한민국 재테크 박람회'는 코로나 이후 이어진 인플레이션과 금리 상승, 자산 가격의 거품 붕괴 등으로 투자자가 길을 잃기 쉬운 미묘한 시점에 열렸습니다. '행복한 중산층 만들기'라는 모토 아래 조선일보가 2014년 이후 매년 주최한 이 박람회는 연말 즈음 열립니다. 이듬해 재테크 전략을 짜보자는 취지입니다. 간단한 사전 등록만 하면 무료로 행사에 참석할 수 있습니다.

저희는 전문가들이 이야기하는 투자 전략을 참가자분들이 챙겨갈 수 있도록 준비를 합니다. 경제부 기자들이 경제학 박사나 펀드 매니저는 아니지만, 저희가 가진 가장 큰 자산인 '네트워크'를 총동원해 그 시점에 가장 적합한 연사를 모시도록 끊임없이 노력합니다.

이 책은 2022년 12월에 서울 대치동 세텍(SETEC)에서 열린 '2023년 대한민국 재테크 박람회'의 강연을 모아 엮었습니다. 행사 자체가 코로나로 2년 연속 온라인으로만 열렸다가 3년 만에 오프라인에서 재개됐기 때문에 이를 준비한 사무국은 그야말로 '지금 가장 뜨거운' 연사들을 모시려고 최선을 다했습니다. 아울러 주식·부동산·채권 등 많은 분야를 아우르기 위해 세심하게 배분했고 조각 투자, 문화금융 등 최근 새로 떠오르는 투자의 새로운 트렌드도 놓치지 않도록 구성했습니다. 주식 투자 권위자, 채권 전문가, 파이어족(FIRE족: 투자로 성공해 조기에 은퇴

한 사람), 부동산 경매 대가, 주택연금과 세금의 일타 강사 등 다양한 연사를 모셔 다양한 분야의 '목소리'를 들을 수 있게 준비했습니다.

시장 상황은 이 글을 쓰는 오늘도 무섭게 변하고 있습니다. 어제는 인플레이션이 걱정이었다가, 오늘은 경기 침체가 가장 두려운 변수로 떠오르고, 지난해까지는 상상하지 못했던 선진국의 은행 파산 공포까지 시장을 휩쓸어 경제부 기자들은 매일같이 야근을 하고 있습니다. 이 책에 담긴 전문가들은 시장 환경의 변화에 따라 쉽게 바뀌는 종목이나 투자처를 찍어주기보다는, 이런 멀미 나는 시장에서 살아남을 수 있는 '항해법'을 알려주는 데 더 집중합니다. 이런 불안의 시기일수록 '해자'를 깊게 파되, 시장이 고꾸라질 때 투자 기회를 잡기 위한 내공을 길러두라고도 조언합니다.

재테크는 한두 해로 끝나는 취미라기보다는 안정적인 삶을 영위하기 위해 평생을 함께해야 할 삶의 필수 요소입니다. 이 책이 행복한 중산층, 나아가 경제적으로 조금 더 자유로운 성공한 투자자로 나아가는 독자들의 길에 도움이 되길 소망합니다.

조선일보 경제부

3장
가치를 높이는 부동산 투자 전략

4장
투자를 넘어 자산을 지키는 전략

1장

혼돈의 2023년,
지금부터 준비하라

2023년 글로벌 금융시장의 이슈를 점검하라

거시경제 1타 강사

오건영

신한은행 WM사업부 팀장

"

이 보 전진을 위한 일 보 후퇴.
지금의 하락장에서 어떤 현상들이 나타나는지 관찰하면서
위기에 살아남을 매뉴얼을 만들어라.

"

우리나라 사람들이 거시 경제(매크로 경제)에 관심을 가지기 시작했다. 거시 경제란 한 나라의 경제 전체가 어떤 움직임을 나타내는지를 보여주는 개념이다. 하지만 거시 경제가 모든 것을 결정하는 것은 아니다.

축구 경기를 예로 들어보자. 우리가 경기의 승무패에 베팅한다면 제일 먼저 축구 선수를 분석할 것이다. 그다음은 홈 경기인지 원정 경기인지 살펴보고, 경기 환경도 살펴보며 어느 팀에 베팅할지 판단을 내릴 것이다.

주식 투자를 할 때도 우리는 기업 하나만 볼 것이 아니라 주변을 둘러싸고 있는 환경이 기업에 유리한지 아닌지를 볼 필요가 있다. 예를 들어 환율이 높을 때와 낮을 때, 금리가 높을 때와 낮을 때, 물가가 높을 때와 낮을 때 유리한 기업이 각각 달라질 것이다. 환율이 높을 때 유리한 데 투자해야 할까, 아니면 환율이 높을 때 불리한 데 투자해야 할까.

우리가 종목을 분석할 때 이를 둘러싸고 있는 환경을 이해하면 많은 도움을 받을 수 있다. 즉 거시 경제가 모든 것을 결정하는 것은 아니지만 투자할 때는 금리나 환율에 대한 이해가 필요하다.

이면에 존재하는 기회를 찾자 ◇

최근 은행 예금 금리가 연 5% 정도다. 1년 전과 비교하면 거의 6배가 올랐다. 1년 전까지만 해도 돈은 낮은 금리 때문에 예금이 아닌 주식시장이나 부동산 시장으로 흘러갔다. 그래서 2021년 2월 코스피 3,325포인트를 기록한 것이다. 지금은 5% 금리 예금에 자금이 머무른다.

금리와 자금 흐름을 이야기했는데, 숫자만 나오면 어렵다고 하는 사람들이 있다. 하지만 금리는 숫자를 아는 게 중요한 게 아니다. 모든 사람이 비슷하게 느낀다는 것이 중요하다. 이 느낌이 자산 시장의 환경을 만드는 것이다.

지금 주식 투자는 아무런 위험 없이 금리 5%를 주는 예금, 그 이상을 얻을 수 있는 투자처(기업)를 찾는 작업이다. 이런 상황을 극복하는 곳에 옥석을 가리는 기회가 있다. 기업을 보는 것도 중요하고, 거시 경제를 보는 것도 중요하다. 하지만 최근 너무 많은 사람이 금리나 환율만 본다. 오히려 그 이면에 있는 기회를 찾아야 한다.

금리가 오르다 내린다면 ◆

질문을 하나 받았다. 예금을 좀 길게 하면 어떻겠냐는 질문이었다. 생각해보자. 금리가 올라갈 것으로 예상되면 예금을 단기로 해야 할까, 장기로 해야 할까? 최근 1년 예금 금리가 5%지만, 사람들은 1년짜리 정기예금을 별로 하지 않는다. 금리가 더 올라갈 것 같으니 돈이 묶이는 걸 경계하는 것이다. 그렇다면 금리가 내려갈 것 같으면 어떻게 할까? 당연히 장기로 해야 한다. 이게 기본이다.

그런데 만약 금리가 오르다 내릴 것 같으면 어떻게 해야 할까? 금리의 고점인 날까지 단기로, 고점이 된 그날 전부 장기 예금으로 바꾸면 된다. 문제는 고점을 아무도 모른다는 것이다. 정확하게 알 수 없는 이 금리를 미지수 X라고 하겠다.

X를 아는 방법은 없을까? 한번 추정해보자. X에 10%를 넣어보자. 예금 금리가 10%면 좋겠지만 대출금리를 생각하면 부담

스럽다. 그렇다면 9%는? 8%는? 이렇게 내려오다 5%를 만나게 된다. 5%가 고점이라고 생각하는가? 그렇다면 지금이 고점이라는 이야기인데, 대부분은 그렇게 생각하지 않을 것이다. 한 가지 확실한 것은 지금이 5%라고 가정했을 때 X값이 아주 멀리 있지 않을 것 같다는 것이다.

그럼 어떻게 하면 될까? 우리는 X가 정점에 달했을 때 장기 예금에 가입하면 된다.

3개월 미만의 단기 예금을 초단기, 3년 이상의 예금을 초장기라고 나눈다. 오늘 금리가 고점이라면 예금은 초장기로 가야 한다. 그런데 오늘 금리가 고점일 확률이 10% 정도라면 초장기에 10%, 초단기에 90%를 넣는다. 시간이 흘러 금리가 오를수록 고점에 다다를 확률이 높아지고, 초장기 예금의 비중을 그에 맞춰 늘려간다. 그러다 고점에 이르게 되는 것이다. 금리가 오르다 내리면 단기의 비중을 점점 줄이면서 반대편에 있는 장기의 비중을 늘려간다.

예금도 분산투자하면 된다. 금리가 낮은 상태에서는 1%대 금리에서 움직이지 않는다. 이러면 예금을 분산투자할 필요는 없다. 그런데 지금은 금리가 5%다. 그리고 이 금리가 계속 버틸지, 아니면 어느 정도 고점을 찍고 바뀔지 거시 경제의 변동성이 높아지고 있다. 그러니 분산투자해야 한다. 고점을 지나는 그날, 장기 예금을 가지고 지나갈 수 있게 나눠놓는 것이다.

금리가 변화하는 환경 속에서 어떻게 대응해야 할지 생각을 다르게 해야 한다.

외환위기, 금융위기일까?   ◆

얼마 전까지만 해도 원달러 환율이 1,400원을 넘나들었다. 우리나라 원달러 환율이 1,400원을 넘었던 시기는 외환위기와 금융위기였다. 시중에 돈이 돌지 않아 기업은 자금을 구하기 어렵다고 한다. 금리도 높다. 그러니 외환위기가 오는 건 아닌지, 금융위기가 오는 건 아닌지 걱정하는 것이다.

외환위기가 오기 전인 1996년도로 가보자. 1996년 우리나라는 200억 달러 무역 적자를 겪는다. 즉 수출은 안 되는데 수입을 하고 있어 우리나라에서 달러가 빠져나가는 것이다. 당시 사상 최대 무역 적자였다. 그 이유가 무엇일까?

1994년 중국이 위안화를 절하하며 중국의 수출이 유리해졌다. 이어 1995년에 일본 엔화도 절하되었다. 1995년 1달러에 78엔이었지만 1998년 150엔이 된다. 중국과 일본이 수출에 유리해진 것이다.

엔화가 강세였던 시기, 우리나라는 수출에서 유리한 고지를 점하고 있었다. 수출 기업들은 대출을 받아 덩치를 키우기 시작했는데 문제는 그 대출이 달러 빚이라는 것이었다. 그러다 엔화 약세로 수출이 반토막 나니 달러 빚을 내준 미국 은행들이 돈을 갚으라고 독촉하기 시작한다.

어떻게 갚아야 할까? 달러 빚이니 달러를 사서 갚아야 한다. 그런데 이 위기는 모두에게 닥쳐왔다. 모두가 달러 빚을 갚기 위해 달러를 사야 하니 달러 값이 치솟았다. 그뿐만 아니라 미국이 금리 인상도 단행했고, 우리나라 반도체 가격도 떨어졌다. 여러 악재가 겹친 것이다. 아무튼 200억 달러 이상의 사상 최대 무역 적자를 겪은 이듬해인 1997년 국제통화기금(IMF)에 구제금융을 신청, 12월 3일부터 IMF 체제가 시작된다.

2022년 무역 적자가 500억 달러에 달했다. 사상 최대다. 원인을 분석해보니 첫째, 중국 경기가 안 좋아서 위안화가 절하되고, 둘째, 일본 엔화가 절하되고, 셋째, 미국이 금리를 올리고 있고, 넷째, 반도체 경기가 안 좋다고 한다. 앞서 말했던 1996년 상황과 비슷하다. 1997년에 외환위기가 왔으니 2023년도 위험하지 않냐는 걱정이 나오는 이유다.

하지만 차이점도 있다. 바로 외환 보유액이다. 1996년 당시 우리나라 외환 보유액은 280억 달러 정도였지만 지금은 4,100억 달러에 달한다. 전 세계 9위 수준이다. 과거에 비해 외환 보유고는 안정적이기에 당장 위기가 임박했다고 말할 상황은 아니다. 다만 무역 적자가 늘어나는 것은 경제가 안 좋아지고 있다는 시그널일 수 있다. 정리하자면 중점적으로 봐야 할 지표 중 무역 적자가 늘어나고 있다는 점은 경계해야 하지만 1997년 외환위기처럼 비관적으로 볼 필요는 없다.

금융위기가 아닌 경기 침체 ◆

외환위기가 아닌 것은 알겠으니 그럼 금융위기가 오는 게 아니냐는 질문도 나온다. 그전에 경기 침체와 금융위기의 차이를 알아보자.

비유하자면 경기 침체는 내가 너무 지쳐서 아무것도 하기 싫어 누워 있는 상태다. 그냥 퍼져 있는 거다. 반면에 금융위기는 심장이 콱 막히는 상태다. 심근경색처럼 확 막혀 앞으로 쓰러지는 것이다.

경기도 안 좋고 금리까지 높으니 사회의 약한 고리는 흔들리게 되고 경기 침체가 올 수 있다. 그러나 금융위기가 올 수 있냐는 것은 또 다른 이야기다. 이 2개는 엄연히 다르기 때문이다. 금융위기는 심장이 멈추는 것이고, 자본주의 경제에서 심장은 은행이다. 은행이 무너지면 실물경제에 돈을 빌려줄 수 없다. 그래서 금융위기가 오는 것이다.

지금이 금융위기인지 생각해보자. 뉴스를 보면 예금 금리가 높으니 은행에 돈을 맡긴다고 한다. 적어도 은행에서 돈이 빠져 나가고 은행이 파산하는 위험한 단계는 아니라는 것이다.

2008년 금융위기를 겪으면서 전 세계적으로 안정적으로 은행 시스템을 유지하기 위해 규제를 만든다. 대표적으로 유동성 규제가 있다. 유동성 커버리지 비율(LCR: liquidity coverage ratio)은 고(高)유동성자산을 1개월 순현금유출로 나눈 비율로 국채 등 현금화하기 쉬운 자산의 최소 의무보유비율을 말한다. 우리나라를 포함한 주요국에서 은행에 대해 수신 또는 특정부채의 일정비율 이상을 유동자산으로 보유하도록 규정하고 있다.

간단하게 현금을 많이 가지고 있으면 된다는 것이다. 그런데 요즘 은행만 어려운 게 아니라 모두가 어렵다. 그중에서 은행은 현금을 더 보유해야 하니 금리를 올려 돈을 끌어들이고자 한다. 정부가 은행의 유동성 규제 완화 카드를 꺼낸 이유다.

유동성 규제를 완화시키면, 즉 현금을 전처럼 많이 안 가지고 있어도 된다는 신호를 주면 은행은 예금을 당기려고 올렸던 금리를 내린다. 은행이 현금을 덜 가지고 있는 만큼 남은 현금은 다른 기업이나 개인이 쓰며 시장이 조금씩 풀리기 시작한다. 여전히 힘들다는 경제주체도 있지만, 2023년 하반기 정도면 어느 정도 풀리지 않을까 예상한다.

정리하자면 외환위기나 금융위기처럼 극단의 리스크는 아니다. 다만 좋지도 않다. 2023년에 안 좋은 시그널은 분명히 있다.

첫 번째가 무역 적자고 두 번째가 기업의 자금 경색이다. 하지만 극단적인 가정이 나오는 이유는 무엇일까?

40년 만의 인플레이션 영향 ◇

40년 만의 인플레이션 때문이다. '인플레이션'만큼 중요한 것이 '40년 만의'라는 수식어다. 미국 경제에서 40년 만에 닥친 인플레이션이란 적어도 인플레이션을 어떻게 대처하는지에 대한 정확한 경험이나 매뉴얼을 가진 사람이 많지 않다는 뜻이다.

초동 조치 또한 늦을 수밖에 없다. 2021년 물가가 서서히 오르기 시작할 때 중앙은행은 물가 상승이 일시적이라고 했다. 신경 쓰지 말라며 시중에 돈을 더 풀었다. 어쩌면 호미로 막을 수 있는 걸 가래로도 못 막는 상황을 만들었다고 할 수 있다.

많은 사람이 미국 인플레이션이 언제 끝날지 궁금해한다. 실은 미국 인플레이션이 궁금한 게 아니다. 미국의 인플레이션이 끝나야 금리가 내려가고 주가가 올라갈 테니 관심을 갖는 것이다.

2021년 6월에 미국 소비자물가지수 상승률이 9.1%(전년 대비)까지 올랐다가 11월에 7.1%까지 내려왔다. 쉽게 말해 6개월 만에 2%P 떨어진 것이다. 만약 단순하게 이 추세로 간다면

2024년이면 1%대로 떨어질 수도 있다. 물론 희망사항이다. 같은 2%p더라도 9%에서 7%가 되는 것보다 4%에서 2%로 내려오는 것이 훨씬 어렵기 때문이다.

중앙은행은 인플레이션을 3개로 나눈다. 상품 인플레이션, 임대료 인플레이션, 서비스 인플레이션이다. 상품 인플레이션은 유가 하락의 영향으로 확실히 떨어지고 있다. 임대료 인플레이션은 아직까진 오르고 있지만 미 연준(연방준비제도이사회)에서 2023년 중반부터 떨어질 것이라고 예상한다. 마지막 서비스 인플레이션이 있는데, 이것이 잘 떨어지지 않는다.

서비스업 물가는 임금을 반영한다. 미국 노동시장이 여전히 뜨겁기에 임금 상승률은 굉장히 높다. 특히 임금은 잘 올라가지도 않지만 한번 올라가면 떨어지기도 어렵다. 그러다 보니 물가가 적정 수준으로 떨어지기까지 시간이 걸릴 수밖에 없는 것이다. 지금 섣부르게 샴페인을 터뜨리면 안 된다는 메시지를 연준이 보내는 이유다.

이 보 전진을 위한 일 보 후퇴 ◆

이런 생각이 들 수도 있다. '아니, 당장 죽겠는데 물가가 뭐가 그렇게 중요해?' 그런데 인플레이션이 있으면 디플레이션이 있다. 디플레이션으로 물가가 내려가면 화폐 가치가 올라간다는 말도 된다. 일본이 디플레이션에 빠져서 30년간 겪었더니 디플레이션에 대한 기대감이 사라지지 않는다고 한다. 모두가 '물가는 내리는 거야, 화폐 가치는 오르는 거야.'라고 생각한다. 이럴 때는 화폐의 공급을 늘려도 화폐 가치가 폭락하지 않는다.

예를 들어보겠다. 모두 서울 아파트 가격은 오른다고 생각한다. 내가 아파트 가격을 잡기 위해 신축 아파트를 공급한다면 어떤 일이 벌어질까? 아파트 가격이 하락할까? 그게 아니라 "청약 경쟁률 900 대 1 신축 아파트 급등, 구축 아파트 키 맞춰"라고 신문기사에 나올 것이다. 즉 수요와 공급도 중요하지만 경제 주체가 받아들이는 기대도 중요하다는 말이다.

정리해보자. 화폐 공급을 늘린다는 것은 금리를 인하하고 이른바 '돈 풀기'를 하는 것이다. 하지만 디플레이션에 대한 기대가 크면 아무리 돈을 풀어도 화폐 가치가 무너져 내리는 인플레이션이 나타나지 않는다. 그러면 코로나 같은 상황이 찾아와도 돈을 풀어도 된다.

그런데 화폐 가치가 떨어질 거라는, 그러니까 인플레이션에 대한 기대로 바뀌면 문제가 생긴다. 중앙은행이 돈을 풀어 경기 부양을 해줄 수 없는 것이다. 지금 시중에 돈이 돌지 않아도 중앙은행에서 금리를 올릴 수밖에 없는 이유다.

일본의 30년 디플레이션처럼, 인플레이션이 고질병이 되면 지속 가능한 성장을 할 수 없다. 국가와 기업의 지속 가능한 성장은 무엇보다 중요하다. 인플레이션이 고질병이 되는 걸 막기 위해서는 당장의 성장을 희생할 수도 있다. 이 보 전진을 위한 일 보 후퇴인 것이다.

앞으로 10년, 20년 투자하면서 또 하락장은 만날 수 있다. 40년 만의 인플레이션처럼 경험이 없으면 대응이 어렵다. 하지만 지금 우리는 하락장을 경험하고 있다. 지금의 하락장에서 어떤 현상들이 나타나는지 관찰하며 살아남기 위한 매뉴얼을 만드는 것도, 이 시기에 중요한 포인트가 될 것이다.

정점의 인플레이션 이후 자산 시장의 향방

경제 분석의 신

홍춘욱

프리즘투자자문 대표

"

10년에 한 번 오는 찬스가 왔다.
지금 기회를 잡아야 한다.

"

2023년 경제를 전망하는 시장에서 아주 중요한 변수가 3개 있다. 첫 번째는 당연히 금리고, 두 번째는 환율, 세 번째는 주가다. 사실 개인적으로 2022년 적중률은 되게 낮았는데, 이번에는 조금 더 발전하는 모습을 보이려고 한다. 덧붙여 2023년 선호 자산과 투자 내역, 전망까지 알차게 알아보겠다.

트리플 약세가 출현한 이유 ◇

우리나라 주식시장이 이 모양 이 꼴로 어려워진 가장 직접적인 이유는 환율 때문이다. 2021년 하반기부터 시작된 달러 강세가 수입 물가의 급등을 촉발하고 인플레이션 압력을 높였다.

달러에 대한 원화 환율과 한국 소비자물가 상승률

— 한국소비자물가 ⋯⋯ 달러/원

자료: 미국 세인트루이스 연은, 프리즘투자자문 작성

2000년 이후 한국은행 기준금리와 소비자물가 상승률의 관계

— 소비자물가 상승률 ⋯⋯ 기준금리

자료: 한국은행, 프리즘투자자문 작성

달러에 대한 원화 환율과 한국 소비자물가 상승률 그래프를 보자. 지난 22년 동안 한 해에 환율이 200원 이상 올랐던 시기가 6번 있다. 환율이 오르면 국내에서 물건을 사게 되고, 대안이 없는 제품 가격은 올라가기 시작한다. 즉 환율이 급등하면 물가가 오르는 것이다. 외환위기 이후 인플레이션과 달러에 대한 원화 환율의 흐름을 비교하면 2020년을 제외하고는 항상 '환율 상승=물가 불안'의 흐름이 나타났다.

물가가 오르면 중앙은행인 한국은행이 등장한다. 물가가 상승하고 그로부터 6개월~1년 정도 지나면 금리를 인상한다. 2022년 하반기에 물가가 올랐으니 2023년은 인상이 예정되어 있다. 그러다 물가가 떨어지기 시작하면 그로부터 한 1년 지나 금리를 내린다. 즉 우리나라 물가가 2022년 8월에 가장 물가상승률이 높았으니 2023년 8월 정도 되면 한국은행의 태도가 바뀔 가능성이 크다.

금리 상승에 취약한 부동산 시장　　◆

금리 상승에 가장 취약한 것은 부동산이다. 우리나라 부동산 시장은 외환위기 이후 최악의 폭락 사태를 맞이하고 있다. 아마 2023년에도 이 흐름이 이어질 것이다. 금리 상승에 가장 취약한 자산이 부동산일 수밖에 없는 이유는 금리가 인상될 때 부동산 보유에 따른 기회비용이 올라가기 때문이다.

예를 들어 20억 원에 거래되는 아파트 소유의 기회비용(아파트 대신 예금 등에 넣었을 때 벌 수 있는 돈)은 금리 1%일 때는 2천만 원이지만, 금리 4%일 때는 8천만 원이 된다(실제로는 금융종합과세 때문에 이보다는 낮음). 금리가 4%일 때는 같은 아파트의 연 월세가 5천만 원이라고 가정하면, 월세로 살면서 은행에 예금 넣는 것이 이익이다. 더 나아가 주택을 매수하는 이들 입장에서 부동산 담보대출금리가 높아질수록 의욕이 떨어질 것이다. 2021년 12월 즈음 주택금융공사의 30년 만기 모기지 금리가 2%였다. 지금은 5%다. 금리가 두 배 이상 오르는데, 집값이 버틸 수 없다.

중앙은행이 금리를 한 번, 두 번, 세 번 연속해서 올리기 시작하면 일단 부동산 시장에서 두 번째 집을 사려는 사람이나 다주택자는 '1년만 기다리자, 찬스다!' 하고 생각하면 된다. 금리가 내려가기 시작하면 시장은 금방 회복할 테지만 이미 집값은 내려갔을 테니 말이다.

언제부터 이런 관계가 형성됐을까? 2002년이다. 500만 신용불량자가 발생한 가계 신용카드 대출 부실 사태가 발생한 이후 김대중 정부, 노무현 정부가 경기를 살리기 위해 부동산 규제를 다 풀었다. 이후 우리나라 주택 시장에서 금리가 중요해진 것이다.

기억하자. 다음 사이클에 환율이 또 급등하면 인플레이션이 발생하고, 인플레이션이 발생하면 금리가 인상되고, 금리가 인상되면 부동산 시장이 그로부터 6개월~1년 지나면 지옥으로 간다. 그래서 2023년 부동산 시장 전망이 좋지 않은 것이다. 금리가 인하되어야 하는데 아직 쉽지 않다.

금리 상승기 주식시장의 판도 ◇

주식시장도 보자. 다음 페이지 그래프에서 실선은 가치주 대비 성장주 상승률이다. 성장주는 테슬라, 삼성전자, 네이버, 카카오 같은 기업이다. 금리가 인상되면 어떻게 될까? 이들 기업이 없어도 우리 인생에 큰 문제가 없다. 금리가 오르고 경기가 나빠지면 오히려 매출이 떨어지는 기업이다.

그러나 언제 수요가 폭발할지 모르니 설비투자를 해서 시스템을 만들어둬야 한다. 그러다 호황이 오고 경기 여건이 좋아지는 순간 매출이 점프한다. 영업 레버리지가 높은 특성을 가진 것이다.

이는 다시 말하면 불황에도 투자를 해둬야 다음 호황에 시장 점유율을 높일 수 있다는 것이다. 테슬라의 주가가 1/3 토막 났지만 텍사스에 공장을 완공하고, 사이버트럭이 나오는 이유다.

미국 시장 금리와 세계 성장주/가치주 상대 강도

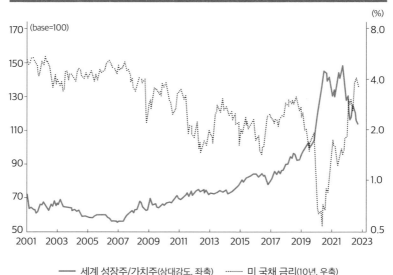

세계 성장주/가치주(상대강도, 좌측) ·········· 미 국채 금리(10년, 우축)

자료: 블룸버그, 프리즘투자자문 작성

이런 기업들은 주가가 오를 때만 설비투자가 가능하다.

우리나라에도 비슷한 특성을 공유하는 기업이 많다. 네이버, 카카오, 삼성전자, SK하이닉스 등 우리나라에 상장된 거의 90% 회사가 여기에 속한다.

그런데 주가가 어느 정도 올라가서 더 이상 오르지 않고 시장 금리가 상승하고 주식에 투자하는 것보다 은행 예금을 드는 게 낫다는 생각이 드는 순간이 오면 주가가 조정받고 회사는 악순환으로 간다. 자금 조달이 안 되고 비싼 고금리 회사채를 발행해야 하고 그러면서도 설비투자는 엄청나게 해야 하니 재무구조가 망가진다. 이런 회사는 경기를 부양하기 위해 정부가 돈줄을 풀어줄 때 좋다. 다만 그게 2023년 상반기는 아닐 것이다. 그러면 반대편에 있는 기업을 사야 한다.

어떤 기업이 있을까? 첫 번째, 워런 버핏이 이끄는 버크셔해서웨이와 두 번째, 자본주의 사회에 소비자를 길들인 회사다. 그러니까 애플, 루이비통, 코카콜라, 스타벅스 같은 기업이다. 이런 회사들은 불황에도 돈을 잘 벌고, 불황에 독점을 강화해 경쟁자를 값싸게 인수한다. 투자자 입장에서는 천사 같은 회사라고 할 수 있다.

이런 회사가 우리나라에도 있을까? 개인적으로 고민해보니 세 종류의 기업을 꼽을 수 있겠다. 담배 같은 기호식품, 정관장 같은 건강식품, 식음료품 기업이다. 불황에 투자할 만한 회사가 이렇게 적다.

그러면 지금 투자하기 좋은 대상은 뭘까? 바로 채권이다. 특히 정부가 발행한 10년짜리 국채가 위험 대비 수익이 좋을 것이다.

슈퍼 달러 원인 ◆

우리나라 경제가 힘들어진 가장 직접적인 원인은 환율이다. 달러에 대한 원화 환율이 상승하면 우리나라 환율이 오르며 수입물가가 상승하고 금리가 인상되고 부동산도 지옥, 성장주도 지옥 간다.

환율이 왜 상승할까? 경쟁국 통화의 약세가 직접적 원인이다. 달러의 가치는 주요 교역국(유럽, 캐나다, 호주, 일본, 영국 등)과의 환율을 가중 평균한 것이다. 달러 패권에 대한 가장 강력한 도전자였던 유로화 가치는 2002년 이후 최저 수준이다. 1931년까지 기축통화 역할을 했던 영국 파운드 가치도 감세 논란 속에 급락했다. 중국 위안 및 일본 엔의 가치도 급락했다.

즉 세계 GDP의 약 절반이 만성적인 침체 상태에 들어섰다. 일본은 '잃어버린 30년'이 진행 중이고, 유럽은 '잃어버린 15년', 중국은 '잃어버린 3년'이 진행 중이다. 결국 최근의 세계적인 인플레이션은 경기과열 탓이라기보다 외부 충격 때문이라고 볼 수 있다.

미국 금리는 다른 국가에 비해 압도적으로 높은 수준이다. 연준의 공격적인 금리 인상(3월 21일 기준 연 4.5~4.75%)으로 미국 10년 만기 국채 금리는 한때 4% 중반까지 상승했다. 금리 수준이 높다는 것은 인플레이션 외에 다른 요인, 즉 실질성장률 전

── 달러/파운드   ······ 달러/유로 환율

자료: 미국 세인트루이스 연은, 프리즘투자자문 작성

망에 차이가 있음을 시사한다.

미국 금리는 왜 높을까? 다른 나라도 인플레이션이 발생했지만, 미국만 금리를 공격적으로 인상한 이유는 노동시장 여건의 차이 때문이다. 실업률이 역사상 최저 수준(1969년 3.5%)에서 움직이니, 금리 인상을 막을 걸림돌이 없다. 더 나아가 인플레이션 압력이 끝없이 높아지며, 연준에 대한 정치적인 압박이 커진 것도 큰 영향을 미쳤다.

미국 실업률이 낮은 이유

인플레이션 전망을 위해 먼저 미국 실업률을 알아보고자 한다. 미국 실업률이 낮은 이유를 살펴보자.

첫째, 강력한 재정 정책이다. 2020년 약 3조 달러, 2021년 5조 달러 상당의 재난지원금이 풀리면서 강력한 소비 붐이 발생했다. 예상보다 훨씬 강력한 소비 붐이 발생했지만, 록다운(Lock-Down)으로 서비스 소비는 2020년에 부진했다. 대신 거대한 재화에 대한 소비가 시작되고, 공급망 병목현상까지 겹치며 인플레이션이 유발되었다.

둘째, 고용 유발 효과가 큰 서비스 소비가 늘어났다. 재화에 대한 소비는 2021년 초를 고비로 일단락되고, 2021년부터 서비스에 대한 소비가 급격히 늘어나는 중이다. 서비스 소비 중에서 가장 문제가 된 것은 바로 주택이다.

셋째, 집값이 폭등하며 파이어족을 양산했다. 저금리와 막대한 재난지원금의 효과가 가장 극적으로 나타난 곳은 주택 시장이다. 주택 가격이 폭등하는 가운데, 수많은 사람이 이른바 '대퇴직 시대(Great Resignation)'를 선언했다. 대신 주택 가격의 급등으로 집세 물가가 상승하기 시작함으로써, 연준의 금리 인상을 촉발했다.

금리가 인상되면 반년~1년 있다가 부동산 시장이 나빠지고 금리가 인하되면 집값이 반등한다. 세계경제가 비슷하다. 즉 금리가 인상되면 부동산 시장이 안 좋아질 수밖에 없는 것이다. 개인적으로 미국 부동산은 2023년 말까지 적어도 15%는 빠질 것 같다. 미국 역시 중산층부터 저소득층까지는 부동산이 유일한 자산일 가능성이 높고 또는 보증금이 유일한 자산일 것이다.

그렇다면 앞으로 미국 실업률은 어떻게 될까?

첫째, 건설 경기 침체 충격은 2023년에 가시화될 듯하다. 과거 실업률과 건설 경기의 흐름을 살펴보면, NAHB 주택 시장지수 급락 이후 건설업 고용이 감소하는 것을 발견할 수 있다. 주

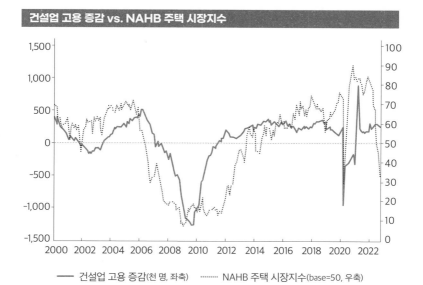

건설업 고용 증감 vs. NAHB 주택 시장지수

—— 건설업 고용 증감(천 명, 좌축)   ······ NAHB 주택 시장지수(base=50, 우축)

자료: 미국 세인트루이스 연은, NAHB, 프리즘투자자문 작성

택 가격 조정이 신규 주택 착공의 감소로 이어지고, 이게 다시 고용 감소로 연결되기 때문이다.

둘째, 제조업 고용도 급격히 감소할 것으로 보인다. 제조업 체감경기를 보여주는 ISM 제조업지수가 50％선을 하회하는 등 제조업 경기가 급격히 후퇴되고 있다. 제조업 경기의 악화는 곧 제조업 고용의 감소로 연결될 전망이다. 다만 서비스업은 아직 경기 여건의 호조가 지속 중이다.

셋째, 서비스 부문 고용의 감소는 더디게 진행될 듯하다. 최근 고용 증가를 주도하는 호텔/레저 부문은 서비스 소비의 개선 흐름이 지속되고 있어 꺾이기 쉽지 않을 전망이다. 급격한 실업률 상승보다는 완만한 상승 가능성이 높은 것으로 판단된다.

미국 실업률이 4.4％가 넘었다는 소식이 들리면 우리는 주목해야 한다. 미국 연준이 금리를 지금까지 계속 올리는 가장 직접적인 이유가 노동시장이 좋기 때문이다. 실업률이 급증하고 정리 해고가 빗발치는 순간 금리 인상을 중단하고 인하로 돌아설 것이다. 그리고 연준이 공격적인 금리 인상을 하다가 금리를 인하해주기 시작할 때 환율이 떨어진다. 환율이 떨어지면 채권을 기억해야 한다. 한국 국채 10년 선물이 개인적으로 생각했을 때 기대 수익이 굉장히 높다.

금리가 급락하면 공기업 채권도 거래되기 시작하고 카드채도 거래되기 시작하면, 죽어가던 기업들이 살아난다. 자금난에

봉착해서 파산한다고 벌벌 떨고 있던 기업들이 살아난다. 그때 폭발적인 상승이 나온다. 그걸 금융 장세라고 부른다. 이 타이밍이 미국의 건설 및 제조업 쪽에서 대량 해고 몇백만 명씩 나오면서 실업률이 4.4% 이상으로 확 치솟아 올라오는 때다. 그즈음 2023년 시장에서 가장 좋은 순간이 온다. 그로부터 6개월 정도 지나면 부동산 시장이 좋아진다.

정리하겠다. 실업률 4.4%를 넘어설 때 심각한 불황이 온 것이다. 그때 금리는 인하해줄 것이다. 중앙은행이 금리를 인하하면 제일 좋은 건 채권이다. 높은 금리로 발행된 채권들이 점차 시장에서 사라질 것이다. 그래서 이럴 때는 국채 10년 선물 등을 사야 한다. 그러다 10년물 가격이 폭등하면 은행채, 특수채다. 여기까지 랠리가 펼쳐지면 그다음 좋아지는 게 회사채, 카드채다. 이런 게 좋아지기 시작하면 그때 주식이 좋아진다.

인플레이션 전망 ◆

인플레이션은 어떻게 될까?

첫째, 유가와 식료품 가격이 동반 하락할 것이다. 글로벌 경기 둔화 충격 속에 국제유가가 하락 전환했다. 식량 가격도 동반 하락 중이다. 유가와 식량 가격이 함께 움직이는 이유는 '바이오 연료 의무 혼합제도' 때문이다. 미국에서 생산되는 옥수수와 대두의 약 40%가 바이오 연료용으로 소비된다.

그래서 유가가 오르면 무조건 곡물 가격이 급등하고, 반대로 국제유가가 폭락하면 콩기름에 대한 수요가 사라지면서 콩 값이 폭락하고 식용유 값이 떨어진다.

하지만 전 세계 원자재 가격이 폭락한다고 해서 바로 물가가 떨어지는 게 아니다. 6개월~1년 정도 걸린다. 다시 말해 국제유가가 폭락하고 국제 상품 가격이 폭락한 효과는 2023년 3월은 되어야 나올 것이다.

둘째, 집세 물가도 곧 잡힐 것이다. 세계적인 프롭테크 회사 질로우(Zillow)에서 집계하는 임대가격지수는 2022년 3월부터 급락 중이다. 집세가 물가에 9~12개월 선행하는 점을 감안할 때, 2022년 말을 전후해 안정될 듯하다.

셋째, 물가상승률은 2023년 3%대 예상된다. 뉴욕 연은에서 작성하는 잠재물가 압력지수(UIG)는 5개월 연속 둔화 중이다. 2023년 상반기에 인플레이션이 급격히 퇴조할 전망이다. 2022년 상반기에 전년 대비 6%대의 소비자물가 상승이 출현했기에, 기저효과(Base Effect)가 나타날 전망이다.

한국 경제 전망

그렇다면 한국 경제 전망은 어떨까?

첫째, 수출 위축 속에 투자도 본격적으로 감소할 듯하다. 건설투자에 이어 설비투자의 증가세도 둔화할 가능성이 높다. 재고순환지표(출하증가율-재고증가율)가 악화되는 등 재고가 가파르게 늘어나는 중이기에, 설비투자의 속도를 조절할 가능성이 높아졌다. 건설투자는 부동산 경기 부진 여파로 급격한 감소 흐름 이어질 듯하다.

둘째, 기준금리 정점은 2023년 상반기가 될 듯하다. 과거 한국은행은 수출증가율이 마이너스를 기록할 때마다 금리를 인하한 바 있다. 미 연준의 금리 인상이 진행되는 중이기에, 금리 인하를 당장 단행하기는 힘들지만 2023년 상반기 중 연준의 금리 동결을 계기로, 한국은행도 완화 기조로 전환할 전망이다.

셋째, 외환시장에서 투자자들의 대규모 이탈은 마무리된 듯하다. 미국의 인플레이션 압력 완화뿐만 아니라, 위험 자산 기피 현상이 진정된 것도 큰 영향을 미쳤다. 투기등급 채권(Junk Bond) 가산 금리의 상승세가 둔화되는 가운데 한국 원화를 비롯한 이른바 위험 통화에 대한 기피 현상이 진정되었다.

넷째, 외환위기 가능성은 낮다. 에너지 및 식량 가격 급등 영향으로 무역수지 적자가 확대되고 있으나, 2022년 1~9월 경상수지는 241억 달러 흑자를 기록하고 있다(상품수지는 146억 달러 흑자). 순 대외 금융자산이 2022년 9월 말 7,860억 달러에 이름에 따라, 대규모 소득수지 흑자가 발생하기 때문이다.

다섯째, 증시 거품은 소멸했으나 2022년 11월 말 PBR 0.9로, 역사적인 평균 수준(1.1배)에 비해 거의 20% 이상 저평가된 상태다. 특히 1995년 이후 한국 기업의 BPS(주당 순자산가치)가 연 9% 내외 성장했음을 감안할 때, 현재 주가 레벨이 1년간 이어진다면 다시 0.8배로 떨어지게 될 것이다. 물론 BPS만으로 기업의 가치를 측정하는 것은 문제가 있지만 참고할 만하다.

여섯째, 부동산 거품은 가장 심각한 편이다. 금리 인상이 최근 부동산 가격 폭락의 직접적인 원인이지만 2021년 주택 시장에 유례를 찾기 힘든 거품이 발생한 것도 큰 영향을 미쳤다. 가장 거품이 심한 서울과 경기권부터 가격 조정이 나타나는 중이다. 전국적인 가격 조정 가능성이 크다.

그렇다면 부동산 시장의 바닥은 언제일까? 경매 낙찰가율이 회복될 때 금리 및 절대 가격 여건을 보는 게 바람직하다. 최근 1차에서 대부분 유찰되며, 낙찰가율도 90%를 하회하고 있다. 2기 신도시를 중심으로 이루어졌던 갭 투자자들의 물건이 집중적으로 나오는 양상이다.

마지막으로 한마디 하겠다. 나라가 망한다, 외환위기가 온다

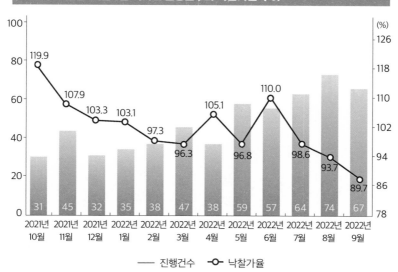

서울 경매 현황: 최근 1년 아파트 진행건수와 낙찰가율 추이

자료: 지지옥션

는 말이 나올 때가 가장 쌀 때다. 10년에 한 번 오는 찬스가 왔다고 생각하며, 기회를 잡아야 한다.

순환하는
가치의 패러다임

한국 가치 투자의 대부
이채원

라이프자산운용 의장

믿고 보는 가치 투자 유튜버

정광우

유튜브 채널 '86번가' 대표

이채원 '순환하는 가치의 패러다임'은 형세가 바뀐다는 이야기다. 조금 더 쉽게 말하자면 주식시장의 판이 바뀐다는 것이다. 많은 사람이 주식시장에 대해 우려하고 있다. 하지만 우리가 주고 싶은 메시지는 2가지다. 주식시장이 최소한 나쁘지 않고 혹은 상당히 좋을 수 있다. 그리고 가치주 장세가 도래했다. 즉 지금이야말로 가치주에 투자할 최적의 시기라는 것이다.

정광우 사실 '지금만큼 투자 난도가 높았을 때가 있었나.' 생각이 든다. 왜냐하면 우리는 인플레이션을 보지 못하고 투자해왔었기 때문이다. 마지막으로 인플레이션이 왔던 게 1980년대 초반이니, 그동안 보지도 못한 것을 바탕으로 투자를 했어야 했던 것이다. 그뿐만 아니라 러시아-우크라이나 전쟁도 1년이 넘게 이어지고 있다. 코로나도 전대미문의 상황이었다. 이 사건 중 하나만 있어도 힘들었을 텐데 우리는 이 3가지를 동시에 맞닥뜨리고 있다.

투자자 입장에서는 겁이 날 수밖에 없지만, 반대로 생각하면 누구에게나 동등한 상황이다. 왜냐하면 너무 오래전의 일들이기에 과거를 제대로 공부한다면 누구나 투자의 기회를 만들어낼 수 있는 상황이기 때문이다. 이처럼 어려운 시기에 어떤 기준으로 투자를 진행해나가야 할까?

이채원   본격적으로 형세에 대해 이야기해야 할 것 같다. 최근 좋아하는 구절이 있다. 이익의 『성호사설』에 나오는 '독사요성패(讀史料成敗)'인데, '역사를 알고 성패를 헤아린다'는 의미다.

余故曰 天下之事, 所値之勢爲上, 幸不幸次之, 是非爲下.

여고왈, 천하지사, 소치지세위상, 행불행차지, 시비위하.

천하의 일을 결정하는 것은, 시대의 형세가 최상이며, 행운과 불행은 그다음이고, 옳고 그름은 최하라고 말한다.

정리하자면 옳고 그름도 중요하지만 더 중요한 것은 운세고, 가장 중요한 것은 형세라는 것이다. 형세를 주식으로 풀어보면 밸류에이션이라고 할 수 있다. 싸고 비싸고도 중요하고 좋은 주식이다. 하지만 내가 사자마자 안 좋은 사고가 날 수도 있다. 운이 따르지 않는 것이다. 그런데 운이 따라도 형세가 안 맞으면 시세가 오르지 않는다. 예를 들어 몇 년 전 바이오 사이클이 왔을 때 어떤 회사의 임상 결과상 완전 관해(암이 사라진 상태)가 나온 적이 있다. 당연히 주가가 수배 올랐다. 그런데 최근에 같은 결과를 낸 기업이 있는데 주가가 오르지 않는다. 왜 그럴까? 지금은 바이오 형세가 아닌 것이다.

한국투자 재직 시절 펀드를 20~30년간 운영하며 많은 사이클을 겪었다. 가장 처참하게 겪었던 사이클이 1999년 닷컴 버블 때 사상 유례가 없는 성장주 장세였다. 드라마 〈재벌집 막내아들〉에 뉴데이터테크놀로지라는 종목이 나오는데, 이런 주식들이 수십 배씩 올라가고 가치주는 계속 주가가 떨어졌다. 당시는 성장주 장세였기 때문이다. 아무리 싸고 좋은데도 안 오른다. 롯데칠성 같은 기업이 사상 최대 이익을 내고 있는데, 당시 10만 원에 샀던 주가는 계속 떨어져서 5만 원까지 내려갔다. 2000년 4월부터 밸류(value) 사이클, 가치주 장세가 왔다. 롯데칠성이 5만 5천 원에서 240만 원까지 약 40배가 올랐다. 1999년에 1년 정도 아주 강력한 성장주 장세가 왔고 2000년부터 2013년까지 13년 동안 아주 긴 밸류 사이클, 가치주 장세가 온 것이다.

운용하던 펀드 수익률을 보면 2000~2013년까지 1,400% 수익이 났다. 문제는 2014년부터 그로스 사이클(Growth Cycle, 성장주 장세)이 온 것이다. 운영하던 펀드가 마이너스가 나서 그에 대한 책임을 지고 그만뒀는데 그다음 날부터 가치주가 오르기 시작했다.

2021년 상반기는 가치주 장세였다. 전체적으로 보면 혼조세였고, 2022년은 압도적인 가치주 장세였다. 2021년에 라이프자산운용을 출범했는데, 7월 말에 첫 펀드가 나왔다. 코스피 3,300포인트를 찍은 그 시기다. 1년 6개월 동안 고생했는데 다행스럽게 밸류 사이클이 돌아왔고, 가치주 덕에 수익률이 플러스다. 그동안 코스피는 27% 하락했음에도 불구하고 말이다.

이미 시장의 형세는 바뀌고 있다. 과거 오랜 기간 이어진 성장주 장세에서 가치주 장세로 바뀌었다.

금융위기 이후의 형세를 보자. 미 연준에서는 2008년 리먼 사태 이후 금융위기가 오니까 돈을 계속 공급했다. 코로나까지 터지면서 시중에 유동성이 풀렸고 그게 지금은 꺾였다. 금리는 계속 인하해서 제로 금리까지 갔다가 지금은 4%를 넘어서고 있다. 이 기간은 성장주에 유리한 환경이었다.

성장주의 가치를 계산하는 방법이 있다. DCF(Discounted Cash Flow, 현금흐름할인법)로 어떤 기업이 미래에 벌어들일 수익을 현재 가치로 할인하는 방법이다. 할인할 때 이자율을 쓰는데, 이자율이 높아지면 성장주는 불리해지고 이자율이 낮아지면 유

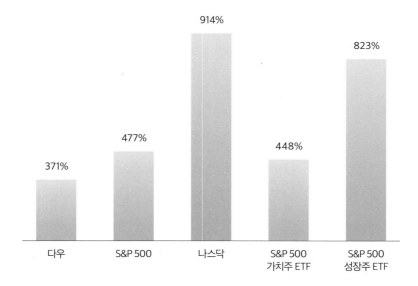

914%

823%

477%

448%

371%

다우 S&P 500 나스닥 S&P 500 S&P 500
가치주 ETF 성장주 ETF

리해진다. 지금까지 금리가 낮았기에 성장주의 시대였고, 금리가 올라가니까 이제 가치주의 시대가 오는 것이다.

정광우 실제로 엄청난 유동성을 보인 시기, 그러니까 금융위기 직후부터 최근을 놓고 수익률을 비교해보자. 성장주가 몰려 있는 나스닥과 S&P 500 성장주 ETF는 다른 지수에 비해 두 배가 더 넘는 수익률을 보였다. 사실 이들 중에도 가치주지만 성장주보다 나은 기업이 있을 테고 성장주지만 흠이 있는 기업이 있었을 테지만 성장주가 수익률을 잘 낼 수밖에 없었다. 형세를 따라가는 구간이었다고 볼 수 있다.

이 형세에서 변화가 감지되고 있다. 어떤 식으로 변화하고 있는지, 어떤 투자 전략이 좋은지 함께 알아보고자 한다.

이채원　미국 소비자물가지수(CPI) 추이를 보면 40년 만의 가장 높은 인플레이션 압력을 받고 있다. 심지어 이 인플레이션이 금방 꺾일 것 같지 않다. 장기적인 인플레이션 구조의 변화 이유로는 3가지 정도가 있다.

첫째, 인구구조가 고령화되어 노동력이 감소한다는 것이다. 둘째, 기상이변과 자원 고갈이라는 환경 변화로 원가가 상승했다. 셋째, 탈세계화 탈중국화의 현상으로 저렴한 생산 공장들이 사라져가고, 생산성이 낮아졌다. 이런 구조 때문에 한번 오른 물가가 쉽게 잡히지 않을 것이다. 즉 디플레이션 고민이 인플레이션으로 바뀐다는 뜻이다.

인플레이션 형세에서 우리가 어떻게 살아남을 수 있을까? 인플레이션 경험이 별로 없는 한국에서는 사례를 찾기 어렵고 1970년대 미국의 사례에서 그 답을 찾아보고자 한다.

미국 독립혁명의 지도자 패트릭 헨리는 "자유가 아니면 죽음을 달라."는 연설을 했다. 여기에 이런 말도 나온다. "내가 가는 발길을 인도할 등불이 하나 있다. 그것은 경험의 등불이다. 미래를 판단하는 유일한 기준은 과거다." 그래서 과거의 경험 데

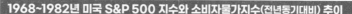
1968~1982년 미국 S&P 500 지수와 소비자물가지수(전년동기대비) 추이

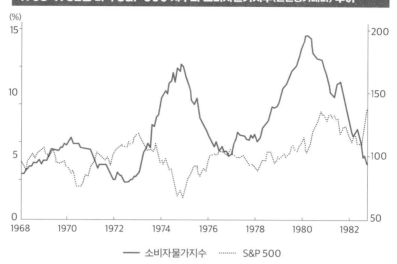

자료: FRED

이터로 추론해서 미래를 예측하려고 하는 것이다.

그래프를 보자. 소비자물가지수가 올라갈 때 S&P 500이 급락한다. 그런데 그다음 다시 인플레이션이 오면 S&P 500이 예전처럼 빠지지 않는다. 즉 인플레이션이 초기에는 큰 충격을 줬지만 한 번 경험하고 내재화시켜버리면 그다음 단계의 인플레이션은 그렇게 두렵지 않다는 것이다.

1970년대를 살펴보자. 1973년에 1차 오일 쇼크가 와서 유가가 전년 동기 대비 75% 올랐다. 그다음 중동에 소규모 국지전이 벌어졌고, 베트남전도 막바지 상황이었다. 당시 니프티 피프티(Nifty Fifty)*라고 있었는데, 이 종목이 어마어마하게 올랐다. 이런 종목들이 주도하면서 1973년까지 성장주 장세를 이끌었다.

1973년에 인플레이션이 터지면서 주가는 대폭락을 한다. 미국 주식이 48% 하락했고, 일부 성장주는 마이너스 80%까지 빠졌다. 그런데 재밌는 사실은 금방 또 반등했다는 것이다. 1974년부터 1년 동안 73% 정도 회복한다.

인플레이션이 꺾이면서 주가가 73% 반등한 상황에서 경기는 어땠을까? 한마디로 최악이었다. GDP 성장률이 -5%다. 경기는 최악인데 주식은 급등한 것이다.

2022년 코스피가 2,100포인트로 내려갔다. 거의 최저점인데, 무엇을 의미할까? 1년 후 경기가 최악이라는 것을 의미한다. 최악의 시기 전에 이미 주식시장은 반응한 것이다. 주식의 선견(先見)성은 놀라울 정도다. 우리가 '시장이 많이 안정됐구나, 주식을 좀 사야 하는 거 아닌가?' 하면 이미 주가는 올라 있을 것이다.

이제 인플레이션 형세에서 어떻게 살아남아야 할까? 정광우 대표의 이야기를 마저 들어보자.

---

* 1960년대 말부터 1970년대 초까지의 시기에서 미국의 투자자들이 가장 선호한 50개의 종목을 말한다.

정광우 　사실 주식의 선행성은 자주 이야기한다. 그런데 선행성을 바라볼 때 사람들이 '안 좋다'라고 이야기하면 실제로 안 좋은 것만 눈에 보인다. 코로나 때를 예로 들어보자. 2020년 3월에 주가 저점이 나왔고, 미국 GDP 성장률 -30%가 나온 것은 2020년 2분기였다. 만약 '경기가 완전히 바닥을 치면 주식을 사야겠어.'라고 생각했다면 사실 많은 기회를 놓쳤을 것이다.

아래 표는 주식의 선행성을 나타낸 것이다. 실제 증시 저점일이 언제 나왔는지, 그 뒤에 GDP가 얼마나 더 오랜 기간 안 좋았는지, 그리고 기업의 이익은 그보다도 더 오랫동안 얼마나 안 좋았는지를 보여준다. 우리가 언제 용기를 내야 하는지도 알 수 있다.

모두 2023년에 경기 침체가 온다고 이야기한다. 침체가 온다

주식의 선행성

시기	주식시장 최저점	GDP 성장률	이익 역성장 구간
1990년	미국: 1990년 10월	1990년 4분기 -3.6% 1991년 1분기 -1.9%	1990년 4분기~ 1991년 4분기
금융위기	한국: 2008년 10월 미국: 2009년 3월	2008년 3분기 -8.5% 2008년 4분기 -4.6% 2009년 1분기 -0.7%	2008년 3분기~ 2009년 1분기
코로나	한국: 2020년 3월 미국: 2020년 3월	2020년 1분기 -4.6% 2020년 2분기 -30%	2020년 1분기~ 2020년 3분기

는 것은 필연적으로 실업자를 양산시킨다. 실업자가 늘어나니까 가계가 소비를 할 수 있는 여력이 줄어든다. 경기 침체가 더 깊어지는 것이다.

그런데 지금 미국은 처음 겪는 고용 상황에 놓여 있다. 53년 만에 실업률이 최저라고 한다. 사실 이 부분을 긍정적으로 봤을 때 경제 침체를 피해갈 수도 있는 아주 좁은 길이 될 수도 있다. 미국 고용 시장이 어떻게 되는지를 보면 미국이 최악의 상황을 겪지 않고 갈 수도 있다.

다시 말하지만 2023년은 모두 경기 침체가 온다고 이야기하고 있다. 다들 예상해두었으니 이제 잃을 게 없다. 오히려 서프라이즈 리턴(수익)을 얻을 수도 있다는 이야기다.

이채원 과거 미국에는 11번의 경기 침체가 있었다. 11번의 경기 침체기에 주가는 몇 번이나 떨어졌을까? 1번이다. 10번은 주가가 올랐다. 대부분 경기 침체에 주가는 거꾸로 올랐다고 이야기를 하고, 심지어는 침체가 안 올 수도 있다고 하니까 너무 낙관적으로 이야기하는 것 같기는 한데, 너무 두려워할 필요는 없다는 이야기다.

앞에서도 말했지만 디플레이션-저금리에서 인플레이션-고금리로 형세가 바뀌었다. 당연히 전략도 바뀌어야 한다. 역사상 많은 자료를 봐도 과거의 주도주, 즉 그전 장세의 주도주가 그다음 장세에 주도주가 된 적은 드물다. 형세에 맞는 종목을 찾아야 한다.

디플레이션–저금리에서는 무엇이 유리했을가? 돈을 빌리기 쉬우니 사업도, 부동산 투자도 쉽다. 예를 들어 물류업체라면 후발 주자가 물류기지를 만드는 데 비용이 덜 들었다는 것이다. 즉 후발 주자의 시대였다. 그런데 형세가 바뀌니 물가가 오르고 인건비가 오르고 금리도 높아져 돈을 빌릴 데가 없다. 그러니 이미 좋은 설비, 좋은 공장, 좋은 땅을 가졌고 차익금 없고, 현금 많고, 좋은 기술력 등을 고루 갖춘 우량한 기업들, 즉 선발 주자의 시대가 온 것이다.

가치 투자 교과서에 반드시 나오는 것이 있다. 바로 리플레이스먼트 코스트(Replacement Cost), 대체 비용이다. 쉽게 예를 들어 보자. 철강업체인 포스코의 시가총액이 27조 원 정도인데, 이 회사를 현재 기준으로 똑같은 회사를 만들 수 있는 비용이 바로 대체 비용은 얼마일까? 용광로도 짓고, 기술도 필요하고… 업계의 추정은 약 60조 원 정도지만 이 금액으로도 힘들 듯하다.

예전에는 PER, PBR, PSR, 매출액 등을 봤다. 그런데 성장주 장세에서는 이것들로 설득이 안 되는 것이다.

채권 금리가 1%면 1%의 역수가 PER*이다. 채권이 1%일 때 PER 100배면 조금 비싸 보인다. 주식은 2%만 벌면 PER이 50배다. 2% 버는 게 어떤 의미냐 하면 시가총액 1조 원인 기업이 이익이 200억 원 나면 2%다. 그럼 PER은 50배라고 하는 것이다.

리스크 프리미엄 이론이라고, 주식은 위험하니까 PER이 낮아야 하고 채권보다 많이 벌어야 한다는 논리가 있다. 그래서 채권의 PER이 100배일 때 주식의 PER이 그 반, 50배면 괜찮다. 은행에 넣어봤자 이자가 1%인데 성장주는 1년에 2%를 벌고 배당도 주고 성장도 하니 당당할 수 있는 것이다.

문제는 금리가 올라 고금리 시대일 때다. 금리가 5%가 되었을 때 PER은 20배가 된다. 채권이 20배면 리스크 프리미엄 이론으로 주식은 10배가 적정이다. 50배, 100배짜리 성장주는 비싸지고 PER 3배짜리 가치주가 당당해질 수 있는 것이다. 이 갭이 메워지면서 가치주가 오르고 언젠가 10년 뒤에 금리가 떨어지면 또 가치주가 몰락하는 사이클이 온다. 지금의 사이클은 이제 가치주가 오고 있는 것이고, 선발 주자의 시대가 오는 것이다.

어떤 게 가치주일까? 3가지 기준이 있다. 첫째, 현금 흐름. 현금이 많아 투자 재원을 자체 조달해서 자본조달 비용 상승과 무

---

* 프라이스/어닝 레이쇼(P/E 레이쇼), PER은 회사의 주가를 주당 이익(EPS)으로 나눈 값이다. 주식이 과대평가되었거나 저평가되었는지 확인하는 데 사용하는 보편적인 척도다. 일반적으로 높은 PER을 가진 회사가 향후 더 높은 수익을 올릴 것으로 예상한다.

관하게 사업을 전개할 수 있다. 둘째, 자산 가치. 땅이나 공장, 설비 등 자산 가치가 높고 우수한 재무구조를 가졌다. 셋째, 경제적 해자. 경쟁사로부터 기업을 보호해주는 높은 진입 장벽과 확고한 구조적 경쟁 우위, 그러니까 남들이 쉽게 흉내낼 수 없는 기술이 있는 선도 기업을 의미한다.

1970~1980년대 명성을 날린 베테랑 투자자 데이빗 드레먼이 1996년 인터뷰에서 말했다. "전반적인 주식시장은 1980년까지 수익이 나지 않았다. 하지만 그 시절은 엄청난 가치주 장세였다." 앞에서도 말했듯이 48% 하락하고 인플레이션 때문에 73% 반등하고 8년 조정, 이 8년 동안이 위대한 가치주 장세였음을 이야기한 것이다.

워런 버핏에게 가장 좋았던 시절이 언제냐고 물어보면 보통 1975년이라고 대답한다고 한다. 그때 버핏이 투자한 가치주 연간 수익률이 100%씩 날 때다.

니프티 피프티 거품이 꺼진 것과 성장주 거품이 꺼진 것이 비슷하다. 인플레이션도 그렇고. 조건들이 똑같으니 강조해서 말하게 된 것이다.

정광우　당시 워런 버핏의 수익률을 보자. 닷컴 버블이 있기 직전까지 워런 버핏과 S&P 500의 수익률을 비교했는데, 누적 수익률은 17만% 대 4천%로 그 격차가 굉장히 크다. 사실 시장도

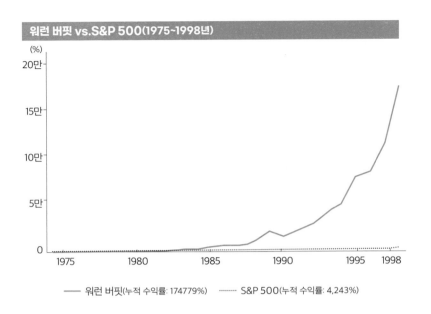

워런 버핏 vs.S&P 500(1975~1998년)

(%)
20만
15만
10만
5만
0

1975 1980 1985 1990 1995 1998

—— 워런 버핏(누적 수익률: 174779%) ········ S&P 500(누적 수익률: 4,243%)

애플 vs. 버크셔 해서웨이(2011~2020년)

구분	주가 상승	순이익 증가	현금 배당 지급	자사주 매입 소각	발행 주식 수 감소
애플	10배	38%	1,026억 달러	3,787억 달러	38%
버크셔 해서웨이	2.5배	694%	없음	2019년 시작	10%

좋았지만 소위 가치주라고 여겨지던 종목이 상당히 좋은 수익
률을 낸 덕분이다. 물론 버핏이기 때문도 있다.

예전과는 다른 환경에서 우리는 어떤 점을 눈여겨봐야 좋은 기업을 찾을 수 있을까. 보유한 현금 활용을 잘하는 기업, 주주 친화적인 정책이나 주주의 권익을 높이는 정책을 통해 가치를 극대화시킬 수 있는 기업을 찾아야 한다. 예를 들어보자. 애플과 버크셔 해서웨이다.

같은 기간(2011~2020년) 순이익은 버크셔 해서웨이가 더 크게 증가했다. 그러나 주가는 애플에 비해서 오르지 못했다. 이 차이는 무엇일까? 바로 주주 정책이다. 애플은 현금 배당도 했고, 공격적으로 자사주를 매입하고 소각했다. 그로 인해 발행 주식수가 감소했고, 주가가 많이 올랐다. 버크셔 해서웨이는 이런 정책이 없었다. 뒤늦게 자사주 매입 및 소각에 나서게 됐고, 그 덕에 애플과의 수익률 격차가 좁혀졌다.

정리하자면 주주 가치를 극대화할 수 있는 정책이 지금의 형세에서 조금 더 파괴력을 보일 수 있다는 것이다. 앞서 말했던 1970년대 중반에도 미국에서는 배당과 자사주 매입 소각이 강조되기 시작했다. 현금의 가치가 중요해지고, 회사 주가가 저평가라고 생각되면 자사주를 사서 소각하는 방법으로 가치를 올려나갔다.

대표적으로 워싱턴포스트도 40% 주식을 매입 소각했고, 텔레다인은 90%를 소각했다. 시티스 방송사 역시 절반 정도 자사주를 소각했고, 이런 기업들에 투자한 버핏은 큰 수익을 올렸던 바가 있다. 그때와 지금, 효과도 똑같고 시행하기에도 좋은 시기가 반복되고 있다.

최근 우리나라에도 이러한 움직임이 관측되고 있다. 2022년 12월에 메리츠금융그룹 계열사의 주식이 모두 상한가를 기록했다. 메리츠금융지주는 메리츠화재, 메리츠증권, 메리츠자산운용, 메리츠대체투자운용 기업을 자회사로 보유하고 있는데, 그중 메리츠화재와 메리츠증권을 완전 자회사로 편입하고 메리츠자산운용은 매각을 추진한 것이다. 미국처럼 모든 기업의 가치가 한 상장사로 모이게 만든 것이다. 이런 상황을 긍정적으로 볼 필요가 있다.

이채원 가치를 형성하는 3가지가 있다. 바로 안정성, 수익성, 성장성이다. 얼마나 안전하냐, 얼마나 많이 버느냐, 얼마나 발전하고 성장하는냐이다. 기업의 가치는 쉽게 변하지 않는다. 다만 환경이 바뀌면서 우리의 인식이 바뀌는 것이다. 저금리-디플레이션이냐, 고금리-인플레이션이냐 등 환경에 유리한 각각의 가치를 추구해야 한다.

시장의 방향과 흐름은 이제 본격적으로 성장을 위해서 가치주로 본격 전환한다.

정광우 사실 성장주를 분석하는 것은 어렵다. 만약 우리가 10년 뒤 성장주가 얼마나 성장할 것인지 확실하게 알면 성장주에 투자할 수도 있을 것이다. 하지만 그럴 수 없기에 가치주로 눈을 돌리게 되었다. 분석을 했을 때 오차가 발생할 확률이 적은, 실수를 하더라도 만회가 될 수 있는 기업에 투자하는 것으로 전략을 바꾸자.

혼돈의 글로벌 시장에서의 위기와 기회

닥터둠

김영익

서강대 경제대학원 교수

"

시대의 흐름을 알면 부를 크게 축적할 수 있다.
흐름을 읽고 부를 축절할
기회로 활용해야 한다.

"

부자들은 말한다. "시대의 흐름에 당하지 말자." 개인에게 당하면 일부 자산을 잃을 수가 있지만, 시대의 흐름에 당하면 모든 자산을 잃을 수가 있다는 의미다. 거꾸로 시대의 흐름을 알면 부를 크게 축적할 수 있다.

2008년 미국발 글로벌 금융위기, 2020년 코로나 위기에 세계경제는 어려웠지만 빨리 극복했다. 정부가 돈을 쓰고 중앙에 돈을 많이 풀었기 때문이다. 문제는 이 과정에서 각 경제주체의 부채가 지나치게 증가했고, 모든 자산 가격에 거품이 발생했다가 붕괴했다는 것이다. 그래서 세계경제가 어려워졌고, 2023년 전망도 밝지는 않다. 그러나 우리는 이를 부를 축적할 기회로 활용해야 한다.

2022년에 달러 가치가 많이 올랐지만, 앞으로 2~3년 동안 달러 가치가 한 30% 정도는 떨어지리라 생각한다. 달러 가치가 떨어지면 원화 가치는 올라간다. 금리 상승은 거의 끝나가고 있다. 2023년부터는 금리가 다시 떨어질 것이다. 이런 환경에서 주식과 부동산이 어떻게 되고 자산 배분을 어떻게 해야 할지 생각해보자.

경제성장 과정에서 위기는 반복되었다 ◇

경제는 장기적으로 성장한다. 그러나 실제 경제는 좋아졌다, 나빠졌다 사이클이 반복된다. 우리는 이런 흐름을 알아야 한다. 이런 흐름을 알면 삼성전자를 9만 원에 사는 게 아니라 지금 더 많이 사게 된다.

2008년 글로벌 금융위기를 생각해보자. 사람들이 소비를 줄이고 기업이 투자를 줄였다. 당연히 수출이 안 되고 경제가 나빠진다. 경제가 나빠지니 정부가 국채를 발행하며 돈을 썼다. 중앙은행은 금리를 연 0%까지 내리고 양적 완화를 통해서 돈을 엄청 풀었다. 그래서 소비, 투자, 정부 지출이 증가하면서 2019년까지 세계경제가 많이 회복된 것이다.

그런데 이 과정에서 정부가 돈을 많이 쓰다 보니까 정부가 부실해졌다. 저금리 때문에 가계와 기업도 부실해졌다. 그러던

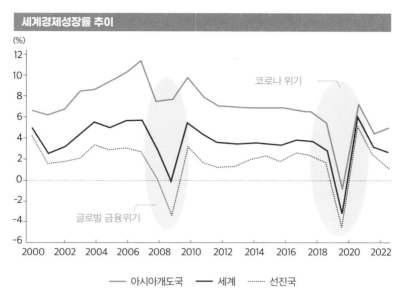

세계경제성장률 추이

(%)

글로벌 금융위기

코로나 위기

―― 아시아개도국　――― 세계　········· 선진국

*주: 2022~2023년 전망치

자료: IMF(2022.10)

중 2020년 코로나로 인해 소비, 투자, 수출이 줄어들면서 경제가 급격하게 악화됐다. 부실했던 정부가 또 돈을 쓰고 중앙은행은 또 금리를 내린다.

그래서 2020년 하반기부터 세계경제가 빨리 회복됐다. 2020년에 세계경제가 -3.0% 성장에서 2021년 6% 성장한다. 그만큼 정부가 돈을 많이 썼고 중앙은행이 돈을 많이 풀었다는 것이다.

그런데 IMF는 2022년, 2023년에 성장률이 크게 낮아질 것으로 보고 있다. 경제가 회복되는 과정에서 각 경제주체가 부실해졌기 때문이다. 선진국은 정부가 부실해졌다. 2008년 선진국의 정부 부채가 GDP 대비 76%였는데, 2020년 코로나 때문에 정부가 돈을 많이 쓰다 보니까 136%까지 급증해버렸다. 신흥국은 기업이 부실해졌다. 기업 부채가 59%에서 121%까지 늘어나버렸다. 그럼 우리나라의 상황은 어떠한가.

한국의 부실

1997년 우리나라가 외환위기를 겪었다. 1980년대 말 경제가 너무 좋으니까 기업들이 미래를 낙관적으로 보고 투자를 크게 늘렸기 때문이다. 그런데 1990년대에 들어와서 수요가 부족하니까 기업이 부실해지고 은행이 부실해졌다. 1997년 외환위기는 한마디로 부실한 기업과 은행을 처리하는 과정이었다. 30대 재벌 중 11개가 해체될 정도였다. 그러나 당시 가계 부채가 GDP 대비 50%, 정부 부채가 6%밖에 안 됐다. 정부가 건실했기에 167조 원 공적 자금을 투입해서 구조 조정을 빨리 끝낼 수 있었다.

2022년 1분기, 2분기 통계를 보면 기업 부채가 GDP 대비 117%로 외환위기 이전 수준으로 증가했고, 가계 부채는 105%로 급증했다. 여기다가 정부 부채도 지속적으로 증가하고 있다.

다른 나라와 비교해보면 우리나라는 기업 부채와 가계 부채

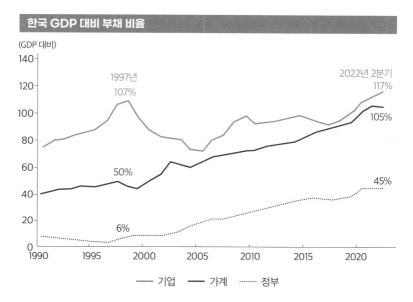

가 많다. 특히 가계 부채가 심각하다. 물론 가계 부채가 많다고
해도 당장 위기가 오는 건 아니다. 하지만 부채가 많으면 가계
가 소비를 늘릴 수 없다. 그래서 소비가 줄어들고 우리 경제가
저성장할 수밖에 없다는 것이다. 다행히 정부 부채는 세계적으
로 낮은 수준이다.

　어떻든 전 세계는 부채에 의해 성장했고 우리나라도 부채에
의해 성장한 나라 중 하나다. 그렇다고 부채가 위험하지 않다는
이야기는 아니다. 문제는 자산 가격의 거품이다.

(GDP 대비)

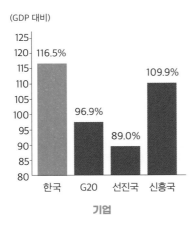

기업

(GDP 대비)

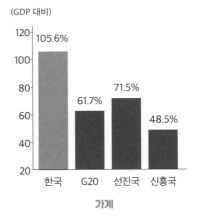

가계

(GDP 대비)

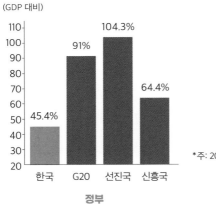

정부

*주: 2022년 2분기 기준

자료: 국제결제은행(BIS)

자산 가격 거품의 붕괴

전 세계 모든 자산 가격에 거품이 발생했다가 붕괴되는 과정에 들어섰다. 대표적으로 미국을 보겠다.

마샬케이(K)는 'M2(광의통화)/명목GDP'로, 시중 유동성 자금을 표시하는 지수다. 즉 경제주체들이 소득 중의 얼마를 화폐로 보유하고 있느냐를 나타낸다. 경제위기 때마다 마샬케이는 급등했고 시장 금리 하락을 초래했다. 아래 그래프를 보면

미국의 마샬케이와 금리

자료: Federal Reserve Economic Data(FRED)

이번 코로나 때도 수직으로 늘어났는데, 미국이 돈을 많이 풀었음을 알 수 있다. 저렇게 돈을 많이 푸니까 채권시장에서 거품이 발생했다.

그래서 미국 10년 국채 수익률이 2020년에 연 0.5%까지 떨어졌다. 채권 가격은 역사상 최고치를 기록했다. 그런데 금리를 올리고 돈을 줄이고 있으니까 국채 금리가 급등했다. 최근에 미국 10년 만기 국채 금리가 4%를 넘어섰다. 채권시장에서는 거품이 거의 해소됐다는 것이다.

이제 주식시장에서 거품이 붕괴되고 있다. 시가총액을 GDP로 나눈 것을 '버핏 지수'라고 하는데, 2021년 4분기에 334%였다. 미국 주식시장 역사상 가장 큰 거품이 발생했다. 이제 급격하게 해소되고 있는데, 중간쯤 와 있는 것 같다.

주택 시장도 보자. 2008년 미국의 금융위기가 왜 왔는지 생각해볼 필요가 있다. 이때 집값이 두 배 정도 올랐다. 집값이 오르니까 가계는 돈을 빌려서 집을 샀고, 집값이 오르니까 또 소비를 늘렸다. 금융회사는 집을 담보로 빌려준 돈으로 다양한 파생 상품을 만들어서 팔았다. 2006년 하반기부터 집값이 급락하자 가계가 부실해지고 금융회사가 부실해지면서 위기가 온 것이다.

현재 집값은 그때보다 더 많이 올랐다. 소득, 물가, 렌트에 비해서도 주택 시장에서 엄청난 거품이 발생했다. 그런데 이제야

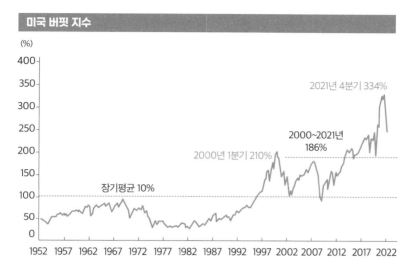

미국 버핏 지수

(%)

2021년 4분기 334%

2000~2021년
186%

2000년 1분기 210%

장기평균 10%

1952 1957 1962 1967 1972 1977 1982 1987 1992 1997 2002 2007 2012 2017 2022

*주: 시가총액은 미 연준 자금순환상에서 각 경제주체가 보유하고 있는 주식 기준

자료: Federal Reserve Economic Data

거품이 꺼지고 있는 것이다.

정리하자면 채권시장에서 거품이 발생했다가 거의 붕괴되었고, 주식시장은 반쯤 와 있고 (미국의 경우) 부동산은 이제 붕괴가 시작됐다.

부채위기 트리거

전 세계가 부채에 의해 성장했고 모든 자산 가격에 거품이 발생했다. 만약 금리가 낮고 경기만 좋으면은 버틸 수 있었을 것이다. 그런데 미국이 금리를 올렸다. 물가가 크게 올랐기 때문이다. 연준의 가장 중요한 목표는 물가 안정이다. 물가 상승률 목표치가 2%인데 9%까지 오르니 금리를 인상할 수밖에 없다. 미 연준이 과감하게 기준금리를 인상하면 부채 문제가 드러나게 되어 있다. 자산 가격의 거품이 붕괴될 수밖에 없는 것이다.

금리를 올리더라도 경기만 좋으면 괜찮다. 그런데 문제는 경기마저 나빠지고 있다는 것이다. OECD 선행지수를 보자.

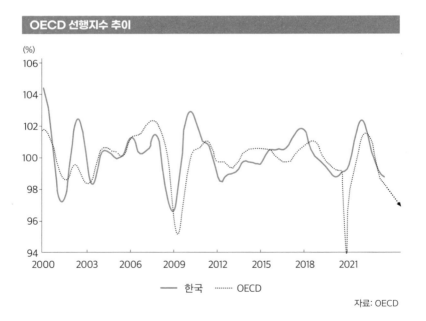

자료: OECD

OECD가 각국 경제를 전망해 발표하는 지수다.

우리나라 선행지수가 2021년 5월을 정점으로 꺾였다. OECD 전체도 7월을 정점으로 꺾이고 있다. OECD 전체와 우리나라 선행지수를 비교해보면 저점에서, 그리고 정점에서 우리나라가 선행한다. 우리나라 경제를 보면 세계경제의 흐름을 알 수가 있다. 이런 의미에서 일부 경제학자들이 한국 경제를 '세계경제의 풍향계다', '탄광 속의 카나리아다' 이런 식으로 비유한다.

GDP 전망치 도표를 보자. 2021년 하반기까지 주요 전망기관들이 낙관적으로 '세계경제가 꾸준히 꾸준히 회복될 것이

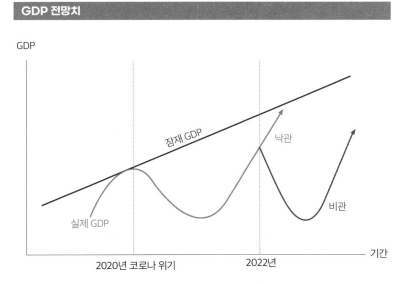

GDP 전망치

자료: 김영익금융경제연구소

다'라고 전망했다. 하지만 지금은 많은 전망기관이 비관적 경로로 생각을 바꾸고 있다. 특히 IMF마저도 지난 10월에 경제를 전망하면서 첫 문장이 "세계경제 폭풍우가 몰아치고 있다."였다.

다가올 부채위기, 정책 대응 방안은? ◆

다음 경기 침체가 오고 있다. 그런데 세계는 준비가 안 되어 있다. 그동안 경제위기가 올 때마다 정부가 돈을 썼다. 그다음 각국의 중앙은행이 금리를 과감하게 인하하고 돈을 풀어서 위기를 극복한 것이다.

그런데 지금은 정부 부채가 높아 과거처럼 자금을 쓸 여지가 없다. 통화정책은 쓸모없는 무기가 되어가고 있다. 물가가 높으니 중앙은행 금리도 내릴 수 없다. 그리고 가계와 기업 부채가 많으니까 금리를 내려도 소비 투자가 안 늘어날 거라고 예상된다. 그래서 짐 로저스는 "다가올 경제위기는 80년 평생 보지 못했던 위기일 수도 있다."라고 극단적인 전망을 한다.

아마 로저스가 말한 정도는 아닐 테지만 실물경제 측면에서 매우 어려운 시기가 오고 있음은 틀림없다. 어려운 시기가 오더라도 좌절할 필요는 없다. 늘 위기는 반복됐다. 위기는 기회이

전문가들이 전망한 세계경제 (단위: %)

미국

구분	2018	2019	2020	2021	2022	2023	2024
GDP 성장률	2.9	2.3	-2.8	5.9	1.8	0.4	1.3
소비자물가	2.5	1.8	1.2	4.7	8.1	4.3	2.5
실업률	3.9	3.7	8.1	5.4	3.7	4.3	4.8
경상수지/경상GDP	-2.2	-2.2	-3.0	-3.6	-3.9	-3.4	-3.4
재정수지/경상GDP	-4.2	-4.7	-15.6	-10.8	-4.4	-4.5	-4.7
기준금리(말)	2.50	1.75	0.25	0.25	4.50	4.65	3.10
국채 수익률 (10년, 말)	2.69	1.92	0.92	1.51	4.03	3.52	3.21

자료: 블룸버그(2022.12.1)

유로존

구분	2018	2019	2020	2021	2022	2023	2024
GDP 성장률	1.9	1.6	-6.1	5.3	3.2	-0.1	1.5
소비자물가	1.8	1.2	0.3	2.6	8.5	5.9	2.1
실업률	8.2	7.6	8.0	7.7	6.8	7.1	7.1
경상수지/경상GDP	2.9	2.3	2.0	2.4	0.2	0.8	1.2
재정수지/경상GDP	-0.5	-0.6	-7.2	-5.1	-3.9	-3.6	-3.1
기준금리(말)	0.00	0.00	0.00	0.00	2.50	3.00	2.50
달러/유로	**1.15**	**1.12**	**1.22**	**1.14**	**1.00**	**1.06**	**1.10**

자료: 블룸버그(2022.12.1)

중국

구분	2018	2019	2020	2021	2022	2023	2024
GDP 성장률	6.7	6.0	2.2	8.1	3.3	4.9	4.9
소비자물가	2.1	2.9	2.5	0.9	2.2	2.3	2.1
실업률	3.8	3.6	4.2	4.4	4.1	4.0	4.0
경상수지/ 경상GDP	0.2	1.0	1.5	1.8	2.0	1.5	1.1
재정수지/ 경상GDP	-4.1	-4.9	-6.2	-3.8	-5.8	-4.8	-4.9
국채 (10년, 말)	3.31	3.14	3.15	2.78	2.68	2.87	2.91
위안/달러	**6.88**	**6.96**	**6.53**	**6.36**	**7.21**	**7.00**	**6.85**

자료: 블룸버그(2022.12.1)

일본

단위	2018	2019	2020	2021	2022	2023	2024
GDP 성장률	0.7	-0.4	-4.7	1.8	1.5	1.3	1.1
소비자물가	1.0	0.5	0.0	-0.3	2.4	1.6	1.0
실업률	2.4	2.4	2.8	2.8	2.6	2.5	2.4
경상수지/ 경상GDP	3.6	3.7	3.2	4.0	1.7	1.5	2.0
재정수지/ 경상GDP	-2.3	-2.6	-9.5	-6.4	-6.9	-4.5	-3.6
기준금리(말)	-0.10	-0.10	0.00	0.00	0.00	0.00	0.00
국채(10년, 말)	0.00	-0.01	0.02	0.07	0.23	0.22	0.29
엔/달러	**109.7**	**108.6**	**103.3**	**115.1**	**145.0**	**142.0**	**138.0**

자료: 블룸버그(2022.12.1)

니 우리는 길목에 가서 앉아 있으면 된다. 현금을 가지고서 말이다.

지금 모든 연구기관이 경제성장률 낮추고 있다. 우리는 환율 측면에서 관심을 가지면 좋겠다. 2022년은 달러만 강세고 모든 다른 통화가 약세였다. 2023년, 2024년은 유로 강세다. 그다음 위안화 강세, 엔 강세. 즉 2023년 이후 달러 가치만 떨어지고 다른 모든 통화가치가 오를 거라는 것이다. 그래서 2023년 외환시장이 2022년과는 정반대되는 방향으로 움직일 것이다.

블룸버그 컨센서스(전문가 전망치)를 보면 재밌는 게 하나 있다. 2023년에는 모든 나라가 2022년보다 성장률이 낮아지리라고 전망했는데 높아질 것으로 보는 나라가 딱 하나 있다. 바로 중국이다. 중국이 2022년 3.3%, 2023년에는 4.9% 성장할 것이라고 보는 것이다. 중국이 그동안 제로 코로나로 엄격하게 규제했는데 그 규제를 풀면서 소비가 증가할 것으로 전문가들이 보고 있다.

달러 가치는 장기 하락 추세 ◆

2022년 달러 가치가 많이 올랐다. 그런데 장기적으로 보면 달러 가치가 떨어졌다. 그동안 두 번에 걸쳐서 크게 떨어지는데 한번 살펴보자.

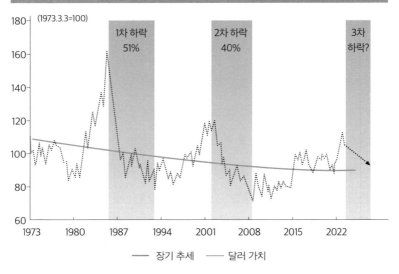

미 달러 가치의 장기적 하락 추세

(1973.3.3=100)

1차 하락
51%

2차 하락
40%

3차
하락?

——— 장기 추세 ·········· 달러 가치

* 주: Trade Weighted U.S. dollar index: Major Currencies

자료: 블룸버그

1980년대 레이건 행정부가 감세 정책을 펼쳐도 여전히 경제가 어려웠기에, 1985년 9월 플라자 합의를 통해 미국이 달러 가치 하락을 유도했다. 간단히 말하자면 '우리는 달러 약세를 유도하겠다. 엔화나 마르크의 강세를 유도하라.'라고 한 것이 플라자 합의다. 그 이후로 달러 가치가 무려 51%나 떨어졌다.

그리고 1990년대 중반에서 2000년대 초반에는 달러 가치가 많이 올랐다. 정보통신혁명으로 모든 산업에서 생산성이 증가하자 기업들은 물건을 싸게 많이 생산했다. 그래서 미국 경제는 고성장과 저물가를 동시에 달성한다. 이를 신(新)경제, '골드락

자료: 국제결제은행(BIS)

스 경제'라고 하면서 달러 가치가 급등한 것이다. 이로 인해 나
스닥 시장에 엄청난 거품이 발생했다가 붕괴되면서 달러 가치
가 40% 하락한다.

2022년 달러 가치가 오르는 이유는 2가지다. 첫째, 미국이 급
격하게 금리를 인상했기 때문이다. 돈은 수익률이 높은 곳으로
이동할 수밖에 없다. 둘째, 러시아-우크라이나 전쟁으로 인한
안전 자산 선호 현상 때문이다. 이런 이유로 달러 가치가 올랐
는데, 주요 선진국 통화에서 달러 지수가 얼마 전에 115였다가
지금 104 안팎에서 움직이고 있다. 그래서 나는 달러 가치가 정

점을 쳤다고 본다.

블룸버그 컨센서스는 2024년까지 달러 가치가 하락할 것이라고 예상했다. IMF마저도 2027년까지 미국 경제가 세계에서 차지하는 비중이 축소된다고 보고 있다. 이는 즉 장기적으로 달러 가치가 하락한다는 것이다. 개인적으로 달러 가치가 앞으로 2~3년에 걸쳐 30% 정도는 하락할 것으로 예상한다.

국제결제은행(BIS)의 실질실효환율에 따르면 2022년 10월 기준 달러 가치는 34% 과대평가되었다(엔은 43% 과소평가). 정보통신혁명으로 미국 경제에 대한 낙관이 최고조에 이르렀던 2000년대 초반보다 더 과대평가된 것이다. 지금 미국 경제가 그 정도로 좋지 않다.

모든 가격은 시간이 흐르면 제자리로 돌아간다. 그래서 2023년부터는 달러 가치가 하락하고 다른 통화가치는 오를 것이다. 그러니 원화 가치도 오를 수 있다고 본다.

그런데 세계경제가 불안하면 원화 가치가 제일 많이 떨어진다. 우리나라의 수출 의존도가 높기 때문이다. 우리나라 GDP에서 수출이 차지하는 비중이 44%다. 그렇기 때문에 세계경제가 나쁘면 한국 경제가 나빠질 것이다, 더 나빠질 것이라고 보고 원화 가치가 떨어지는 것이다.

그런데 세계경제가 안정되거나 달러 가치가 떨어지면 원화 가치가 급격히 오른다. 세계경제가 나쁘니까 달러 대비 원화 환율이 1,440원까지 갔었다. 그러다 미 달러 가치가 떨어지니 1,300원 안팎까지 떨어졌다.

물론 일시적으로 여기서 오를 것이다. 그러나 내가 보기에는 1,430원에서 정점을 쳤고 앞으로 2~3년에 걸쳐 달러 가치가 30% 떨어질 것이다. 그럼 원화 가치는 최소한 20% 정도는 오를 수 있다고 본다.

선행지수 순환변동치를 확인하라

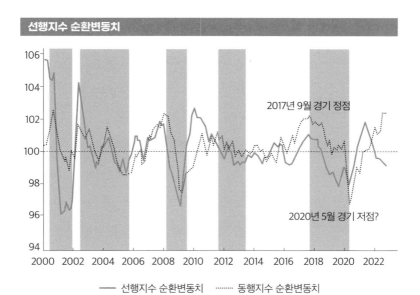

선행지수 순환변동치

2017년 9월 경기 정점

2020년 5월 경기 저점?

─── 선행지수 순환변동치   ········ 동행지수 순환변동치

*주: 어두운 부분은 경기 수축 국면

자료: 통계청

우리나라 경제는 어떻게 될까? 통계청에서 매월 선행지수를 발표한다. 우리가 투자를 하거나 기업을 하거나 경기를 알아야 하는데 선행지수 순환변동치를 볼 필요가 있다. 앞 페이지 그래프에서 실선을 보면 2021년 6월을 정점으로 지금까지 계속 떨어지고 있다. 내가 보기엔 2023년 1분기 이전에 저점이 나오고 약간 반등 추세가 보일 듯하다.

저성장 국면에 진입한 한국 경제

2023년에 세계 주요 전망기관이 경제성장률을 2022년보다 낮을 것으로 전망한다. 나는 전문가 전망치보다도 더 낮을 수도 있다고 생각한다. 우리 경제의 구조적인 문제점은 잠재성장률이 너무 빨리 떨어지고 있다는 것이다.

잠재성장률이란 노동, 자본, 생산성을 고려했을 때 우리 경제가 성장할 수 있는 능력이다. 1980년대 10%였던 잠재성장률은 지금 2%에서 1% 후반으로 진입했다. 15세에서 64세 인구, 즉 일할 수 있는 인구가 감소하기 때문에 잠재성장률이 떨어질 수밖에 없는 것이다. 영국의 옥스포드 이코노믹스는 얼마 전에 지구상에서 가장 빨리 사라질 나라가 한국이라고 전망을 하기도 했다.

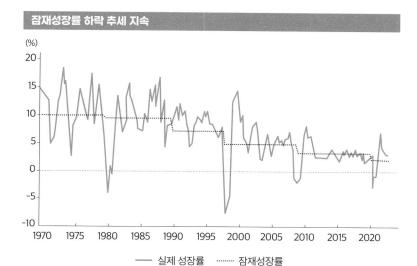

잠재성장률 하락 추세 지속

(%)

실제 성장률 ⋯⋯⋯ 잠재성장률

자료: 한국은행

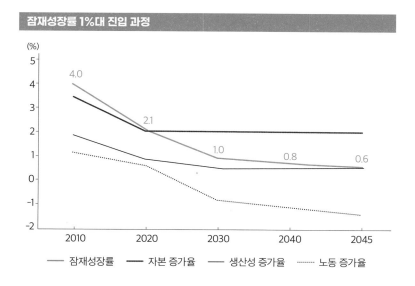

잠재성장률 1%대 진입 과정

(%)

4.0

2.1

1.0

0.8

0.6

잠재성장률 ━ 자본 증가율 ━ 생산성 증가율 ⋯⋯⋯ 노동 증가율

자료: 한국은행

우리나라 경제는 1997년 IMF 경제위기와 2008년 글로벌 금융위기를 겪으면서 구조적으로 저성장 국면에 접어들었다. 한국금융연구원 추정(중립적 시나리오)에 따르면, 2019년 기준 잠재성장률은 2.4%, 2021년부터 1%대 진입 전망했다. 경제성장을 이끌어 왔던 노동 및 자본 증가세가 둔화했기 때문이다.

그렇다면 잠재성장률이 올라가려면 어떻게 해야 할까? 총요소 생산성, 즉 생산성이 개선되어야 한다. 이런 의미에서 사회적 대통합이 필요한 시기라고 생각하지만 현실은 쉽지 않다.

대통령 재직 기간 중 경제성장률과 주요 정책 ◆

역대 대통령 재직 기간 잠재성장률이 지금까지 어떻게 변화해 왔는지 살펴보자. 물론 경제 규모가 커지면 성장률이 낮아질 수밖에 없다. 그런데 대통령이 바뀔 때마다 계단식으로 성장률이 떨어지는 것은 문제가 있다.

박정희 정부 때 연 10% 성장했다. 파독 광부와 간호사 덕분에 중화학공업을 육성하며 압축 성장했다. 전두환 정부 때도 10% 성장했다. 전 세계적으로 저유가, 저금리, 저달러의 삼저호황이었다. 전 세계의 소비가 늘고 엔 강세로 수출도 늘어 1986~1988년에 연평균 12%나 성장한다.

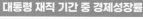

대통령 재직 기간 중 경제성장률

* 주: 전두환의 경우 1980년은 제외, 윤석열은 전망치

자료: 한국은행, 김동호(개통령 경제사, 2019), 김영익금융경제연구소

노태우 정부 들어서는 삼저호황이 끝난다. 수출이 안 되니까 노태우 정부는 각종 사회간접자본 투자, 주택 20만 호 건설을 통해 경기를 부양한다. 이때 일산, 분당 신도시를 건설했다. 김영삼 정부 때 IMF 경제위기를 맞았다. 누가 대통령이 됐든 과거 고성장 때 쌓인 은행과 기업 부실을 처리하고 넘어갈 수밖에 없었기에 발생한 것이다.

김대중 정부도 뼈 아픈 구조 조정을 했다. 30대 재벌 중 11개가 해체되었다. 기업이 없어지니까 투자가 줄어들었고, 근로자가 해고당하면서 소비가 줄었다. 그래서 성장률이 5%로 떨어졌다. '질적 성장 국면에 들어섰다'라는 긍정적인 평가도 있지만 구조 조정의 결과가 양극화와 고용 불안이었다. 그래서 노무현 정부는 이런 문제를 해결하기 위해 지방균형발전, 동반성장, 그다음 분배와 복지 정책을 펼쳤다. 행정수도를 세종시로 옮기고 각종 공기업을 지방으로 옮겼지만 균형발전, 소득 불균형은 크게 개선되지 않았다.

이명박 정부는 747 정책, 즉 7% 성장을 내세웠지만, 3.3% 성장했다. 박근혜 정부는 4% 성장을 내세웠지만, 3.0% 성장했다. 문재인 정부는 2.3%다.

지난 정부가 추구했던 정책 방향은 포용적 성장이었다. 경제 규모가 10%, 8% 성장할 때는 경제 규모의 파이가 커지니까 기업들이 같이 성장할 수가 있었다. 하지만 갈수록 성장률이 낮아지고, 파이도 줄어든다. 이것을 나누면 경쟁력 있는 기업은 더 많이 가져가고 경쟁력이 없는 기업은 시장에서 퇴출될 수밖에 없다. 차별화가 심화되는 것이다. 자본주의 모순이라고 할 수 있다.

포용 자본주의를 내세웠지만 크게 개선된 것 없이 윤석열 정부가 들어섰다. 윤석열 대통령의 제77주년 광복절 경축사에서 제일 많이 나온 단어는 '자유'다. 즉 자유를 통해 혁신하고 혁신을 통해서 도약하고 그 소득을 나누자는 것이다.

성장은 가능할까 ◆

경제 측면에서는 대통령이 바뀔 때마다 성장률이 계단식으로 떨어지고 있다. 반등의 기회가 있을까? 앞서 잠재성장률을 결정하는 요소들을 봤을 때 쉽지 않아 보인다. 정부 관련 연구기관인 KDI도 앞으로 5년 잠재성장률을 2%로 추정하고 있다. 계단이 또 한 단계 떨어진다는 것이다. 차별화는 더 심화될 것이다.

기업 중 36%가 이자보상배율 1 미만이다. 36%가 1년간 영업이익으로는 이자도 못 갚는다는 뜻이다. 금리는 올랐고 경기는 나빠지고 있다. 지금은 버티고 있지만 2023년에는 많은 기업이 구조 조정을 할 수밖에 없을 것이다.

당연히 우리 경제가 과거보다 낮은 성장을 할 것이다. 이제 중요한 것은 금리다. 최근 금리가 급등했지만 추세선은 장기적으로 하락 추세다. 하락 추세에서 최근 2년 반 동안 상승이었다는 것이다. 개인적으로 지금 거의 고점에 있다고 보고 있다.

이미 시장 금리는 떨어지기 시작했다. 정부에서 발행한 10년 만기 국채 수익률이 4.6%까지 갔다가 3.4%까지 떨어졌다. 은행채 금리도 떨어지고, 조만간 대출금리, 예금 금리도 떨어질 것이다. 금리를 결정하는 가장 중요한 요소가 경제성장률인데, 2% 안팎의 성장률로 금리가 어떻게 오르겠는가. 최근에 금리

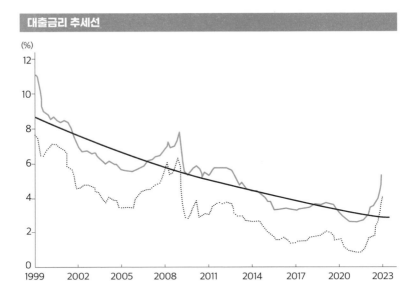

(%)

12 -

10 -

8 -

6 -

4 -

2 -

0 -

1999   2002   2005   2008   2011   2014   2017   2020   2023

—— 은행 대출금리   ······· 은행 예금 금리

자료: 은행가중평균금리, 한국은행

상승은 물가 때문이다. 2023년은 경기 침체가 오면서 물가 상
승률도 낮아지고, 금리도 하락할 것이다.

돈이 남아도는 경제

기업은 돈이 없다고 한다. 그러나 이럴 때일수록 경제의 근본
을 생각해야 한다. 저축은 돈의 공급이다. 1997년 외환위기 전

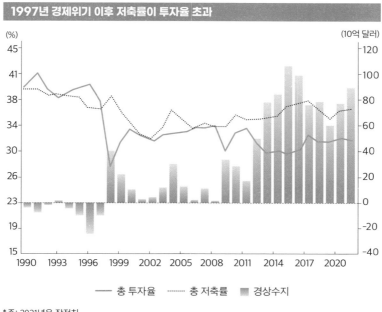

총 투자율 ‥‥‥‥ 총 저축률 ■ 경상수지

*주: 2021년은 잠정치

자료: 한국은행

에는 기업이 투자를 많이 해서 돈이 부족한 경제였다. 그런데 그 이후로는 저축이 투자보다 많다. 돈의 공급이 수요보다 많은 것이다. 즉 경제 전체를 보자면 돈이 남아도는 경제다. 2022년 6월 말에 기업이 가지고 있는 현금성 자산이 941조 원이라고 한다.

일본의 사례를 보자. 보통 가계는 자금 잉여 주체다. 금융 회사에 저축한 돈이 빌려 쓴 돈보다 많다는 의미다. 기업은 자금 부족 주체다. 금융회사에서 돈을 빌려 투자한다. 그런데

1998년부터 일본 기업들이 자금 잉여 주체로 전환되었다. 쉽게 말해 기업이 은행에 저축한 돈이 빌려 쓴 돈보다 많아진 것이다. 은행은 돈이 들어오면 대출과 유가증권으로 운용한다. 그런데 가계도 저축, 기업도 저축하며 대출이 이루어지지 않으니 유가증권에 투자할 수밖에 없었다. 유가증권은 주식 아니면 채권인데, 은행은 위험 부담이 있는 주식보다 채권을 사게 된다.

저축이 투자보다 많은, 돈이 남아도는 경제 상황에서 채권까지 많이 사니 금리 하락이 가속화될 수밖에 없다. 금리가 떨어지면 보험회사는 역마진 확대로 구조 조정을 겪게 된다. 당시 '일본 은행들이 채권을 사서 금리를 떨어뜨리고 보험회사를 망하게 만들었다.'라는 이야기도 있었지만 근본 원인은 따로 있다. 기업들이 은행에서 돈을 안 빌려가니까 은행은 남은 돈으로 채권을 살 수밖에 없었다는 것이다.

우리나라는 어떠한가. 가계가 절대적으로 부채가 많은 것은 사실이지만 매년 연간 개념으로 보면 가계가 금융회사에 저축한 돈이 빌려 쓴 돈보다 많다. 여전히 가계는 자금 잉여 주체로 남아 있다. 기업만 자금 부족이면 되는 것이다. 그런데 우리 기업이 941조 원 현금성 자산을 가지고 있어 앞으로 기업들은 금융회사에서 돈을 덜 빌려서 쓸 듯하다.

얼마 전에 KB금융 윤종규 회장이 이런 이야기를 했다. "은행의 경쟁력이 과거에는 대출에 있었는데 앞으로는 유가증권

운용에 있을 것이다." 그만큼 기업 자금 수요가 줄어들 거라는 것이다. 그래서 금리를 결정하는 경제성장률이 떨어지고, 그다음 돈이 남아돌고 앞으로 은행이 채권을 사면서 금리는 다시 떨어질 것이다. 최근 금리가 오른 것은 장기적인 하락 추세에서 일어난 일시적인 상승이다. 금리는 다시 떨어질 가능성이 높다.

정책 당국은 금리가 오르자 금융회사에 변동금리를 고정금리로 바꾸라고 권유한다. 3년 전 금리가 떨어졌던 상황을 돌이켜보자. 고정금리로 대출받은 사람은 금리 부담이 컸고, 정책 당국은 고정금리를 변동금리로 바꿔달라고 금융회사에 권했다. 지금과 완전히 반대다. 그러니 또 2~3년이 지나면 어떻게 될까? 금리가 또 떨어져서 고정금리를 변동금리로 바꾸라고 이야기하게 될 것이다.

은행 금리가 연 5%다(2022년 12월 기준). 빨리 예금에 가입해야 한다. 대출받을 때는 만기가 길수록 고정금리보다는 변동금리 대출을 받는 게 낫다.

저금리 시대, 근로소득의 중요성 ◆

이런 저성장과 저금리 시대에는 근로소득이 중요하다. 내 이야기를 하나 해보겠다. 2013년 3월에 S생명보험회사 부사장이 내게 즉시연금에 가입해달라고 부탁해왔다. 즉시연금은 목돈을 한번에 납부하고 매월 연금을 받다가 만기가 되면 원금을 전부 돌려받는 상품이다. 2013년 3월에 2억 원을 가입했는데, 4월에 51만 원을 받았다. 지금은 28만 원을 받는다. 왜 줄어들었을까? 보험회사는 주로 채권으로 운용하는데, 채권수익률이 장기적으로 떨어졌다는 의미다. 28만 원은, 즉 지금 어떤 일을 해서 한 달에 30만 원을 벌면 금융자산 2억 원을 가지고 있는 것과 똑같은 현금 흐름이라는 것이다.

은퇴한 사람들이 공통적으로 2가지 이야기를 한다. 첫 번째, 은퇴 후 나갈 사무실이 있어야 한다. 두 번째, 적당한 용돈이 있어야 한다. 그러기 위해서는 '직'이 있어야 한다. 가능한 '직'을 오래오래 유지하고, '직'을 유지하는 동안 하나의 '업'을 마련해야 한다.

은행에 다니며 환율을 담당하는 제자가 있었다. 학교에서 이론을 공부하더니 이를 실무와 합쳐서 『경제의 99%는 환율이다』라는 책을 썼다. 대외적으로 환율 전문가로 인정받은 것이다. 이후 칼럼, 강의 등으로 대중적으로 활동한다. 환율이라는 '업'을 만든 거다. 저성장과 저금리 시대, 한 번쯤 고민해볼 만한 문제다.

자산 가격에 대하여

그렇다면 개인은 어떻게 대응해야 할까? 지금부터 한번 살펴보자. 2019년 주식 투자 인구가 600만 명이 조금 넘었는데, 2021년에 1,360만 명으로 두 배 이상 늘었다. 2020년은 어디를 가나 주식 이야기였다. 주가가 많이 오르니까 너도나도 주식 투자를 시작했다. 2021년에는 크게 오르지 않으니 지루하다고 그러다가 2022년에는 꼴도 보기 싫다고 한다. 30~40% 손해 본 사람이 많이 있기 때문이다.

다음 페이지 그래프에서 점선이 명목GDP로 추정한 적정 주가다. 2011~2019년은 저평가되었고, 2020~2021년은 고평가 국면이었다. 2022년 명목GDP 4.5% 성장을 전제하면 적정 코스피는 3,092포인트로 장기적으로는 오를 것이다(2022년 10월 말 2,294포인트로 26% 저평가).

앞서 말했지만 2021년에는 내가 보는 모든 경제지표에서 주가가 과대평가됐기 때문에 주식 비중을 줄이라고 조언했다. 지금은 모든 경제지표에서 과소평가 영역에 들어섰다.

일평균 수출 금액은 코스피와 상관계수가 제일 높은 지표다. 상관 계수가 0.86이다. 이는 우리나라의 수출 의존도가 높기 때문이다. 그래서 수출이 잘되면 경제성장률이 올라가고 기업 이익과 주가도 올라간다.

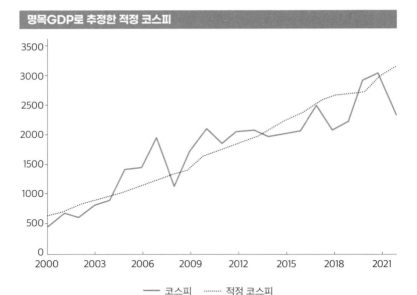

명목GDP로 추정한 적정 코스피

* 주: 코스피를 명목GDP로 회귀분석해 추정, 2022년은 추정 및 전망치

자료: 한국은행, KRX

흐히들 주식시장을 산책 나온 개와 주인에 비교한다. 보통 개를 데리고 산책하면 개가 주인을 앞서간다. 여기서 개가 코스피고 일평균 수출 금액을 주인에 비유할 수 있다. 그런데 2021년은 수출도 증가했지만 주가가 너무 앞서갔다. 특히 4분기에는 40% 정도 앞섰다. 지나치게 개가 앞서가는 상황이다. 똑똑한 개라면 주인이 잘 따라오는지 뒷걸음질을 칠 수밖에 없다. 즉 주가가 떨어질 수밖에 없다. 그런데 지금은 3,300포인트까지 갔던 주가가 2022년 9월에는 2,150포인트까지 떨어지면

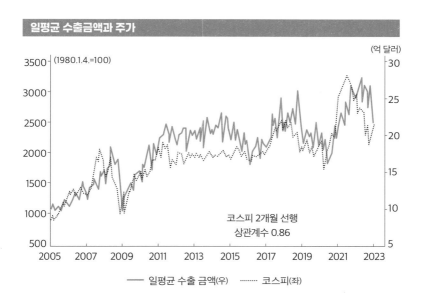

일평균 수출금액과 주가

코스피 2개월 선행
상관계수 0.86

── 일평균 수출 금액(우)   ⋯⋯ 코스피(좌)

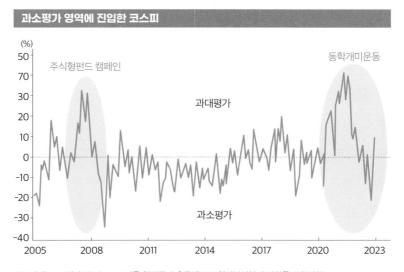

과소평가 영역에 진입한 코스피

주식형펀드 캠페인

동학개미운동

과대평가

과소평가

*주: 과대(과소)평가 정도는 코스피를 일평균 수출금액으로 회귀분석하여 전차를 구한것임

자료: 산업통상자원부, 한국거래소

서 개가 주인 뒤로 가버렸다. 저평가 영역에 들어선 것이다.

자산 가격은 연착륙이 없다. 올라갈 때는 40% 과대평가되고, 떨어질 때는 20% 과소평가된다. 2023년 1분기까지 과소평가가 확대될 수도 있다. 이 기회를 '주식을 정말 싸게 살 기회를 주는구나!'라고 생각할 필요가 있다. 주식시장은 과소평가 영역에 들어섰다. 우리가 지금부터는 서서히 주식 비중을 늘려가야 한다.

부동산 가격에 대하여

부동산 가격을 이야기해보자. 일본의 경우 집값이 1980년대 중후반 급등했다. 당시에 1985년 플라자 합의를 통해 미국이 엔 강세를 유도했다. 당연히 일본 수출 기업이 힘들어질 수밖에 없었고, 일본 중앙은행이 돈을 풀며 금리를 내렸다. 그 이후 주가도 집값도 급등한 것이다. 그리고 인구구조도 집값에 영향을 미쳤다. 결혼 후 집을 늘려가는 시기의 35~55세 인구가 1990년부터 감소하면서 장기적으로 주택 가격이 하락한 것이다. 일본 사람들은 1980년대 중후반 집을 투자재라고 생각했다. 그런데 집값이 급락하니까 '집은 투자재가 아니라 소비재다. 집은 단순하게 사는 곳이다'라고 인식이 바뀌었다.

우리나라는 어떨까? KB국민은행 자료에 따르면 2009년 3월부터 2022년 6월까지 전 도시 아파트 가격 평균 상승률이 75%다. 상승률을 보면 서울보다는 부산, 대구, 대전 등 대도시가 많이 올랐다. 하지만 2022년 하반기 수치를 보면 대구, 대전부터 떨어지기 시작하더니 이게 서울 강남까지 하락세가 확산되고 있다. 추세가 꺾이고 있는 것이다.

집값 추세를 결정하는 3가지가 경기, 금리, 대출 금액이다. 초기에는 금리고 그다음에 대출 금액이 영향을 미치지만, 결국 경

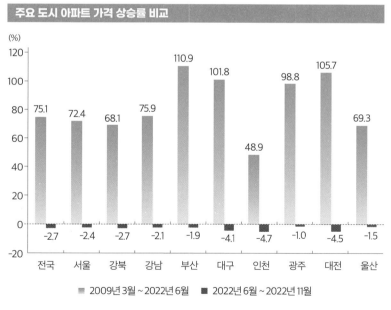

주요 도시 아파트 가격 상승률 비교

자료: KB국민은행

기가 가장 중요한 영향을 미친다. 통계청에서 나오는 현재의 경기 상태를 나타내는 동행지수 순환변동치가 있는데, 이게 이제야 꺾이고 있다. 한번 꺾이면 평균 19개월 꺾였는데, 나는 이걸 보면서 최소한 2년 정도는 하락 국면일 것이라고 예상한다. 이 추세는 정부 정책으로 막을 수 없다.

지난 정부에서 24번의 규제에도 집값은 올랐고, 이번 정부에서 계속 규제를 완화하고 있지만 집값은 하락 중이다. 과감한 규제에도 정도의 차이만 조금 바꿀 뿐 추세는 바꿀 수 없을 것이다.

자산 배분에 대하여　　　　　　　　　　　　◇

우리나라 통계청, 한국은행 등에서 연령대별 가계 자산 배분을 보여주는 그래프가 있다. 가계 자산 중 실물 자산 비중이 78%로 무척 높다. 그다음 금융자산이 22%인데, 전월세 보증금을 빼면 실제 금융자산은 17% 정도다.

특히 50대, 60대는 80% 이상이 실물 자산, 즉 부동산이다. 어쩔 수 없는 현상이지만 내가 보기에는 너무 높다. 부동산은 유동성이 떨어지는 자산이기에 어떤 식으로든지 부분적으로 유동화해야 한다고 생각한다.

이는 주택연금 제도로 보완할 수 있다. 주택연금은 만 60세

연령대별 가계 자산과 배분

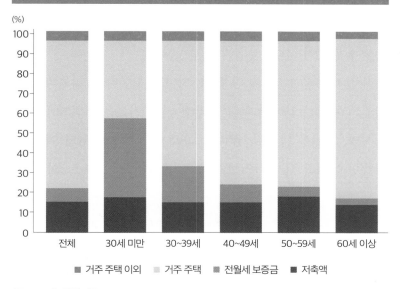

(%)

- 거주 주택 이외   - 거주 주택   - 전월세 보증금   - 저축액

*주: 2022년 3월 말 기준

자료: 통계청 등(2022년 가계금융복지조사 결과)

이상인 사람이 소유 주택을 담보해 평생 혹은 일정한 기간 매월 연금 방식으로 노후생활자금을 지급받고, 연금기간 종료 시 지급 원금과 누적된 이자를 일시에 상환하는 국가 보증의 금융 상품이다. 조건에 따라 다르지만 집값 9억 원이면 매달 약 270만 원 정도를 받을 수가 있다. 개인적으로는 굉장히 바람직한 제도라고 생각한다.

금융자산 배분도 이야기해보자. 전체 가계 금융자산이 2022년 6월 말 기준 4,920조 원 정도다. 그런데 현금 및 예금이 45.6%

다. 2022년 말에 비해서 많이 늘어났다. 은행 금리 연 5%이기 때문이다. 거의 정점에 와 있으니 여유 자금이 있으면 일부는 은행에 맡겨야 한다.

채권 비중은 2%밖에 안 된다. 지나치게 낮다. 우리는 예금과 채권의 차이를 알아야 한다. 예금은 약정 기간을 채워야 금리를 주지만, 채권은 다르다. 금리가 하락 국면에 들어서면 이자 수익뿐만 아니라 시세 차익까지 누릴 수 있다(채권 가격은 금리와 반대로 움직인다). 채권은 언제든지 팔 수 있다. 국고채 금리가 많이 떨어졌으면 그다음에 은행채, 그다음에 서서히 우량 회사채도 떨

전체 가계 금융자산 (단위: 조 원, %)

구분	2016	2017	2018	2019	2020	2021	2022.2Q
금융자산	3,391	3,669	3,735	3,982	4,533	4,924	4,922
현금 및 예금	1,481	1,582	1,655	1,783	1,967	2,139	2,246
비중	43.7	43.1	44.3	44.8	43.4	43.4	45.6
보험 및 연금	1,079	1,165	1,229	1,308	1,399	1,498	1,510
비중	31.8	31.8	32.9	32.8	30.9	30.4	30.7
채권	172	156	157	142	148	113	98
비중	5.1	4.2	4.2	3.6	3.3	2.3	2.0
주식 및 투자펀드	642	749	675	722	985	1,134	1,020
비중	18.9	20.4	18.1	18.1	21.7	23.0	20.7

어지게 될 것이다. 2023년까지는 우량 회사채를 잘 고르면 상당한 수익을 낼 수 있다고 생각한다.

마지막으로 주식 비중을 보자. 2021년 말에 23%까지 갔다가 2022년 2분기 21%로 떨어졌다. 코스피가 3천 포인트까지 갔을 때 비중이 20~30%였다. 주가가 과대평가될 때 '동학개미운동'이라는 이름으로 많은 사람이 주식시장에 참여했다가 다시 떨어지고 있다. 앞에서 말했지만 명목GDP, 일평균 수출, 유동성 등 모든 경제지표가 저평가 영역에 들어섰다. 이럴 때 오히려 주식에 더 관심을 가져야 한다. 앞으로 은행 금리가 떨어지고, 그다음 주가가 조금 더 떨어져 주가가 싸졌다고 생각하면 다시 주식시장으로 돈이 들어오게 될 것이다.

우리는 구조적으로 저성장·저금리 시대에 접어들었다. 이럴 때 우리가 일하면서 근로소득 얻는 게 정말 중요하다. 그다음 일을 하면서 업을 하나 만들어야 한다. 주가와 집값은 장기적으로 상승하는데, 특히 주가가 추세 밑으로 지나치게 떨어져 있는 상태로 시간이 흘러가면 결국 추세로 가니 기다릴 필요가 있다. 주식시장에 더 적극적으로 참여해보자.

◇ 최고의 리서치센터장에게 듣는 2023년 투자 전략

◇ 2023년 경제 전망과 자산 전략 '위험을 기회로 접근하라'

◇ 채권 투자의 시대, 자산가들의 비밀 노트

◇ 세 파동이 겹치는 2023년, 다시 주목받는 버핏 투자

◇ 2023년 우리가 주목해야 할 종목

2장

불확실성의 시대,
금융 투자 전략

최고의 리서치센터장에게 듣는 2023년 투자 전략

가장 빠르고 정확한 시장 전망

서철수

미래에셋증권 리서치센터장

한국 최고의 시장분석 전문가

김학균

신영증권 리서치센터장

사회자(조선일보 경제부 김효인 기자) 2022년은 증시뿐만 아니라 글로벌 자본시장이 모두 하락세를 보였습니다. 국내 최고의 증권 전문가들이신 김학균 신영증권 리서치센터장님과 서철수 미래에셋증권 리서치센터장님 모시고 2023년 증시 전망과 투자 전략을 이야기 나눠보도록 하겠습니다.

김학균 안녕하십니까. 신영증권에서 일하는 김학균입니다. 지금 투자자들은 2023년에 경기가 나빠지지 않을까 우려하고 있는 것 같습니다. 제 생각에도 2023년에 경기가 나빠질 가능성이 매우 높다고 생각합니다. 2021년까지 거의 제로 금리 세상에서 살다가 미국도 금리를 많이 올렸고 한국도 금리를 많이 올렸습니다. 인플레이션을 잡기 위해서 금리를 올렸죠. 금리를 올리는 것은 사람들에게 조금 덜 쓰라는 메시지를 주면서, 그러니까 과잉 수요를 억제함으로써 물가를 잡는 겁니다.

주가는 앞으로 경기가 어떻게 될 거냐를 미리 선행적으로 반응하는 것이기 때문에 2023년도 경제가 안 좋다는 것은 이미 주가에 충분히 반영되어 있다고 생각합니다. 지금 반도체 경기가 어렵지만 2022년 상반기까지는 반도체 경기가 괜찮았습니다. 삼성전자도 돈을 잘 벌고요. 그런데 삼성전자 주가는 2021년부터 떨어졌습니다. 당시 실적이 괜찮았는데도 말이죠. 결국 투자자들은 '앞으로'를 보는 것이기 때문에 2022년 주가가 많이 떨어진 것은 2023년도 경기가 상당히 안 좋을 거라는 전망까지도 반영된 것 같습니다.

다만 경기가 나빠지는데 주식이 어느 정도까지 밀려야 바닥이냐에 대한 답은 있을 수가 없습니다. 그래도 저는 우리나라 종합주가지수(코스피)가 지난 9월에 2,150포인트로 연중 저점을 쳤는데, 얼추 2023년까지 본다고 하더라도 그 밑으로 빠지지는 않지 않을까 이런 기대를 하고 있습니다.

코스피 PBR을 보겠습니다. PBR(주가순자산비율)은 상장사들이 가지고 있는 자기 자본, 그러니까 장부상의 가치로 주주들에게 돌려줄 수 있는 주주들의 몫에 비해서 주가가 얼마나 저평가되어 있는지를 보여주는 지표입니다. 2022년 저점이 0.84배입니다. 장부상으로 주주들이 가지고 올 수 있는 재산이 100이라고

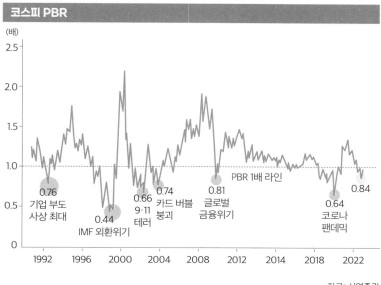

코스피 PBR

(배)

자료: 신영증권

하면 주가가 84까지 떨어진 거니까 상당히 저평가됐다고 볼 수 있습니다.

물론 과거에 더 낮아진 적도 있었습니다. IMF 외환위기, 9·11테러, 코로나 팬데믹 등은 진짜 생각지도 못했던 악재였고 그다음에 주식이 바로 회복됐기 때문에 현재와 비교하기에는 과한 것 같습니다. 1990년대 초 기업 부도가 사상 최대일 때 0.76배, 2002~2003년에 카드 버블이 붕괴됐을 때 0.74배까지 주가가 조정을 받았습니다. 제 생각에는 2023년도 생각지도 않은 일이 벌어지게 되면 저렇게 밀릴 수 있다고 봅니다.

다만 그렇다고 하더라도 2022년에 나온 저점에서 한 10%

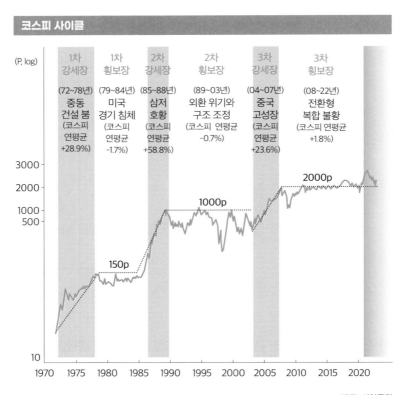

코스피 사이클

	1차 강세장	1차 횡보장	2차 강세장	2차 횡보장	3차 강세장	3차 횡보장
	(72~78년) 중동 건설 붐 (코스피 연평균 +28.9%)	(79~84년) 미국 경기 침체 (코스피 연평균 -1.7%)	(85~88년) 삼저 호황 (코스피 연평균 +58.8%)	(89~03년) 외환 위기와 구조 조정 (코스피 연평균 -0.7%)	(04~07년) 중국 고성장 (코스피 연평균 +23.6%)	(08~22년) 전환형 복합 불황 (코스피 연평균 +1.8%)

자료: 신영증권

정도 남짓의 조정이라고 보면 우리가 저점을 정확히 알 수는 없습니다. 3,300포인트에서부터 지금 2,300포인트까지 밀려 있는 거거든요. 그럼 아래쪽으로 더 밀린다고 하더라도 제 생각에는 낙폭은 크지 않을 것 같습니다. 그래서 2023년도 경기가 나쁘더라도 주가는 이를 이미 상당히 반영하고 있다라는 게 제 의견입니다.

1970년대 이후 우리나라 종합주가지수를 보겠습니다. 처음 2천 포인트를 갔던 게 2007년인데, 15년이 지난 지금도 2,300포인트입니다. 연평균 주가지수가 1.9%밖에 못 오른 거죠.

역사적으로 주식이 좋았을 때를 복귀해보죠. 1970년대 중동 건설 붐이 있을 때, 1980년대 후반 삼저 호황(저환율·저물가·저유가)일 때 주식이 아주 좋았습니다. 2004~2007년까지 중국 경제가 잘 나가는 덕을 보며 주식이 좋기도 했습니다.

직관적으로 생각해보면 주가지수가 탄력적으로 올라가기 위해서는 한국 경제가 우리가 느낄 정도로 활력이 있어야 하는데, 저는 지금 그런 활력이 없다고 생각합니다. 주식이 얼추 저점이기는 한데 한국 시장에서 고점이 크게 높아지기 힘든 게 딜레마죠. 바닥을 쳤지만 횡보하는 형태가 될 거라고 생각합니다. 그래서 해외에서 대안을 찾든지, 아니면 종합주가지수가 아닌 개별 종목에서 대안을 찾는 투자를 해야 합니다.

서철수 장기적이고 구조적인 측면에서 코로나 팬데믹을 지나면서 투자 환경이 상당히 바뀌었습니다. 저는 시장 환경의 구조적 변화를 살펴보겠습니다.

1980년대부터 이른바 신자유주의가 득세했습니다. 말 그대로 노동과 자본이 자유롭게 전 세계를 이동한다는 겁니다. 관세가 떨어지고 자유무역을 하게 되고, 정부도 작은 정부가 좋다고 했죠. 무역 측면에서 규제 완화 또 내부적으로도 규제 완화 또한 중앙은행의 독립성이나 역할이 중요해지는 통화정책의 시대가 시작됐습니다.

두 번째로는 소련이 망하고 동유럽의 공산국가들이 글로벌 경제에 편입되면서, 또한 2001년도 중국이 WTO에 가입하면서 전 세계에 저임금 노동력이 엄청나게 유입됩니다. 제조업을 중심으로 글로벌 공급망이 이때부터 본격적으로 구축되기 시작한 것이죠. 또한 1990년대부터 시작된 실리콘밸리, IT 혁신 등 기술 생산성 혁신이 일어나죠. 이런 큰 틀에서 물가를 낮추고 금리를 떨어뜨리는 이른바 '그레이트 모더더레이션'*이라고 해서 물가와 금리가 떨어지는 시대가 약 40년 가까이 펼쳐집니다.

물론 자산에는 무척 유리한 환경이라고 볼 수 있습니다. 그런데 신자유주의는 크게 2가지 약점이 있습니다. 자본이 너무 자유롭게 이동하다 보니까 결국 전 세계에 2008년 금융 버블을 만듭니다. 거품이 꺼지며 금융위기가 나왔고요. 또 하나는 노동도 자유롭게 이동하고 저임금 노동력이 선진국들로 가니까 선진국의 중산층이 몰락합니다.

---

* Great Moderation. '거대한 안정'이라는 뜻으로 물가가 안정되고 주식 등 자산 가격 변동 폭도 낮은 안정적 환경이 오래 지속됨을 뜻한다.

시장 환경의 구조적 변화

1980년대~	2020년대
❶ 신자유주의	❶ 신냉전 및 블록 경제화
- 지구촌 노동 및 자본 이동	- 자원·식량·기술·금융 무기화
- 관세 인하와 자유무역	- 글로벌 공급망 재편
- 작은 정부 및 규제 완화	(효율성 → 안정성)
- 통화정책 중요	
	❷ 미 헤게모니 재강화
❷ 글로벌화	- 사다리 걷어차기
- 중국/공산권 편입	(기술 격차 확대)
- 저임금 노동 공급 확대	- 1980년대 일·독 견제보다
- 글로벌 공급망 구축	강경한 재정·산업정책 주도
	❸ 노동 구조적 부족
❸ 기술 및 생산성 혁신	- 은퇴 및 MZ세대, 롱코비드,
	이민 억제
저물가·저금리, 자산 상승	**매크로 불확실성 확대**

2008년 금융위기
기존 시스템 균열 조짐

(양극화·트럼프·
브렉시트·미중 갈등)

⬇

2020년대 진입
코로나 & 러·우 전쟁

글로벌화의 가장 큰 수혜를 받았던 나라가 중국입니다. 중국이 2000년 중반 이후부터는 미국의 패권을 넘보기 시작해서 미중 갈등이 본격적으로 시작되죠.

이렇듯 2008년 금융위기로 인해 기존 시스템의 균열 조짐이 보이기 시작했습니다. 이를 막기 위해 금리를 내리기도 했죠. 그러다가 2020년에 들어서자 바로 코로나가 터졌고, 2022년은 전쟁이 일어났습니다. 상단 표의 오른쪽, 그러니까 2020년대 상황이죠. 그래서 어떻게 보면 왼쪽에 1980년대 이후의 큰 흐름이 2008년도 금융위기로 이미 약간 균열의 조짐이 나오고 있었는데 코로나와 전쟁을 지나면서 본격적으로 흐름이 바뀐 것으로 보고 있습니다.

2020년대는 신냉전 및 블록 경제화입니다. 자원, 식량, 기술, 금융 등을 무기화하고 있고, 특히 글로벌 공급망이 다시 짜이고 있습니다.

미국이 헤게모니를 강화하고 있죠. 1980년대 일본과 독일 견제보다 중국에게 더 강경하게 반응하고 있습니다. 과거 통화정책을 중시했지만 이제 정부의 재정정책과 산업정책을 어떻게 펼치는지 주목해야 합니다. 마지막으로 노동력이 부족해지고 있습니다. 베이비부머가 은퇴한 다음에 MZ세대가 그 공백을 충분히 만회하지 못하고 있고, 코로나 이후 노동력 감소, 반이민 정책 등으로 인해 구조적인 노동력 부족 문제가 있습니다.

정리하자면 과거에는 저물가–저금리 상황에서 자산이 비교적 쉽게 올랐지만, 이제는 매크로(거시) 측면에서 불확실성이 커졌습니다. 그래서 어떻게 해야 할까요.

우리는 돈을 버는 게 목적이니까 금융시장에서 무엇을 봐야 하는지 봅시다. 중앙은행 주도의 유동성 장세에서 정부의 재정정책 및 산업정책이 겨냥하는 종목이 중요한 차별화 장세로 바뀌었습니다. 또한 금리가 올랐기 때문에 기술주 투자를 하더라도 실적이 뒷받침되어야 합니다. 전문용어로 '퀄리티 주식'이라

금융시장 투자 함의

정책과 시장	중앙은행 주도의 유동성 장세 → 재정 및 정책이 겨냥하는 종목으로 차별화 장세
스타일	할인률 상승에 따라 기술주 투자에 있어서도 실적이 뒷받침되는 '퀄리티 혁신주'에 집중
섹터	인플레이션 헤지 필요성 + 공급 생태계 별도 구축을 기회로, 글로벌 원자재, 선진국 산업재 및 소재 선호
테마	G(지정학)E(친환경)T(기술) 여건 아래 신재생에너지, 2차전지, 방산, 로봇 등의 테마 유망
인컴	하이쿠폰(고금리) 채권, 고배당주, REITs 투자를 통한 '성장 + 인컴'의 포트폴리오 밸런스 필요
지역	경제성장 방식은 ① 분업 및 전문화 ② 자본의 효율적 집중 ③ 창조적 혁신 → 미국 선호, 인도 관심

고 하죠.

공급망이 별도로 구축되고 있기 때문에 글로벌 원자재, 선진국 산업재에 주목할 필요가 있습니다. 인컴(꾸준한 수익) 측면에서도 금리와 관련된 인컴형 자산 비중을 조금 가져갈 필요도 있겠습니다.

사회자 2023년 전망이 어떨지가 제일 궁금할 것 같은데요. 이와 관련해서 이야기 나눠보겠습니다.

서철수 결론은 김학균 센터장님께서 말해주신 것과 기본적으로는 비슷합니다. 주가가 바닥을 쳤을 가능성은 있다는 거고요. 아래 그래프를 보겠습니다. 막대 영역은 물가가 성장률보다 높았던 시기입니다. 지금과 비슷합니다. 물가상승률이 5~6% 하는데 성장률이 2~3%밖에 안 나오니까 별로 안 좋은 구간이죠. 이때마다 주가가 바닥을 쳤습니다.

매크로 측면만 놓고 봤을 때 주가가 바닥권에 있는 것은 맞습니다. 다만 바닥이라고 해서 무조건 올라가는 건 아니잖아요.

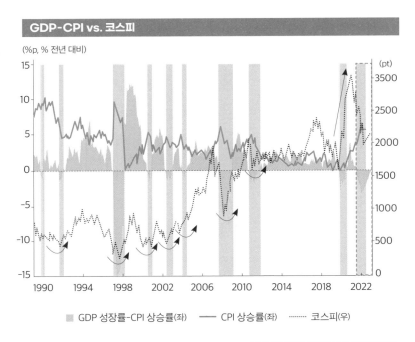

자료: 블룸버그, 미래에셋증권 리서치센터

올라가기 위해서는 일단 모멘텀이 필요할 수도 있고 궁극적으로는 경기와 실적이 뒷받침돼야 하는데 제가 볼 때 2023년 상반기 경기나 기업 실적은 상당히 어려울 것 같습니다.

그럼 주가가 2022년 10월에 찍은 저점보다 더 빠질 것이냐에 대해서는 조금은 아닐 수도 있다고 봅니다. 정리하면 2023년 상반기 경기나 실적이 어렵지만 연준의 긴축 중단 모멘텀으로 버틸 것이고, 하반기쯤 되면 그때는 경기나 실적이 올라오는 쪽으로 바뀔 수 있다고 예상하고 있습니다.

김학균　경기는 사이클이 있습니다. 좋았다, 나빠졌다 하죠. 2021년 1월에 종합주가지수가 3,300포인트까지 갔었죠. 그런데 당시에 종합주가지수만 올라갔던 게 아니고 집값도 올랐고 가상화폐 가격도 많이 올랐습니다. 모든 자산 가격이 다 올라갔습니다.

보통 주가는 경기를 반영하는 것이지만 1월에 경기가 사상 최고치로 느껴지지는 않았잖아요? 사실 저는 최근 수년 동안 자산 가격이 올라갔던 이유는 금리가 너무 낮았기 때문이라고 생각합니다.

다음 페이지의 경기선행지수와 코스피 그래프를 보죠. 굉장히 비슷하게 움직입니다. 이 선행지수는 앞으로 7~8개월 정도 후의 경기를 보여주거든요. 2022년 10월까지 하강하고 있으니

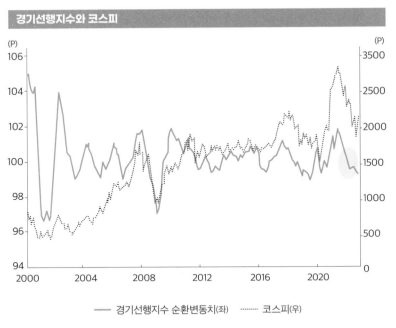

경기선행지수 순환변동치(좌) ········ 코스피(우)

자료: 블룸버그, 미래에셋증권 리서치센터

2023년 5~6월까지 우리가 느끼는 경기는 별로 좋아지지 않을 거라는 겁니다.

그렇지만 투자자의 관점에서는 앞으로 경기가 어떻게 될지가 중요합니다. 종합주가지수는 2021년 7월 초를 고점으로 해서 지금까지 조정을 받고 있고 경기선행지수의 고점도 공교롭게도 2021년 6월 말이었습니다. 그래서 순환적인 경기 사이클로 생각해보면 2023년도의 경기선행지수가 언제 돌아설 것이냐가 중요해 보입니다.

경기가 가진 사이클을 그려보면 2023년 중반 정도에 경기선행지수는 바닥을 치지 않을까 기대하고 있습니다. 경기선행지수가 바닥을 치더라도 우리가 느끼는 체감 경기는 계속 안 좋을 테지만요. 중앙은행이 금리를 올릴 것이기 때문이죠. 전체적으로 주식은 2023년 중반 정도가 되면 바닥을 치고 올라가는 사이클이 만들어지지 않을까 기대해봅니다.

2022년 상반기까지 실물경제가 나쁘지 않았음에도 주가가 선행 반응해서 조정을 받은 것처럼, 침체가 한 1년 정도 지속되다 2023년 중반쯤 경기에 대한 비관론이 굉장히 커질 겁니다. 그렇지만 우리는 주식이 늘 선행성을 가진 지표라고 생각하며 어느 때쯤에서는 사이클의 반전을 기대할 수 있을지 열심히 찾아봐야 한다고 봅니다.

이제 중요한 것은 금리입니다. 저는 2023년에 금리가 떨어질 거라고 생각합니다. 인플레이션도 어느 정도 둔화될 테고 중앙은행의 긴축 사이클도 이제 멈출 겁니다. 지금 5% 정도 이자를 주는 상품들이 있으면 자산으로 편입할 만합니다.

미국 증시를 예를 들어보겠습니다. 지난 20세기는 주식 투자하는 사람들에게 좋은 시절이었습니다. 주식을 사서 오래 보유하면 돈을 벌 수 있다는 장기 투자에 대한 믿음도 있었고요. 20세기가 시작되기 전인 1899년 말 미국 다우지수는 65포인트였습니다. 100년이 지나 1999년 말에 1만 1,400포인트까지 오릅니다. 그사이 대공황, 두 차례의 세계대전, 오일쇼크 등으로 인해 약세장과 강세장이 왔다 갔다 했지만 100년 동안 주식을 보유하고 있으면 1만 7천%라고 하는 엄청난 성과가 생긴 것입니다. 이 엄청난 수익률을 연평균으로 치면 5.3%입니다. 이게 바로 복리 장기 투자의 힘입니다.

사실 수익률 5%라고 하면 성에 차지 않는 분들이 많을 겁니다. 물론 주식이라고 하는 게 종목을 잘 선택하면 어려운 장에서도 초과 수익을 얻을 수 있습니다. 다만 시장 전체로 봤을 때 이자율 연 5%가 넘는다면 장기적으로 이길 자산이 없다고 생각합니다.

그래서 우리는 금리 상황을 잘 관찰해야 합니다. 서철수 센터장님이 말씀하신 것처럼 픽스드 인컴형 자산(채권처럼 금리가 정해진 자산), 주식이 아니더라도 이자율 연 5%가 넘는 자산은 포트폴리오에 편입하라는 조언을 드리고 싶습니다. 5% 이자는 지속 가능한 모델이 아니라고 생각합니다. 이 금리가 유지되면 경제가 망가지고 이자율이 떨어지겠죠. 그러니 역설적으로 지금 자산의 일부로 사야하는 것입니다.

기대 수익률 5%에 만족하지 못하고 15%, 20% 기대 수익을 생각하고 있는 분들은 그에 맞춘 수익률과 위험을 감안해서 투자하면 됩니다. 다만 역사적으로 5%를 안정적으로 벌 수 있는 자산이 그렇게 많지 않기 때문에 지금은 주식과 더불어서 안정적인 이자를 주는 상품을 잘 골라보자는 겁니다. 또 높은 금리가 계속 지속되지 않을 것이기 때문에 금리가 떨어지면 그 시점에서 경기 사이클을 보며 한번 기회를 찾아보는 게 좋을 것 같고요. 2023년 하반기 정도에는 주식 투자도 조금 숨통이 트이지 않을까 생각합니다.

사회자 두 분 모두 금리의 향방에 달려 있긴 하지만 2023년 하반기가 되면 증시가 좋아질 것으로 보신다고 말씀해주셨는데요. 그러면 어떤 산업이나 어떤 종목에 어떻게 투자하는 게 좋을지 또 한국 증시나 미국 증시 외에도 주목해볼 만한 국가가 있는지 말씀 부탁드리겠습니다.

김학균 우리나라 주식시장이 장기 정체하고 있습니다. 1980년대 일본 사례를 많이 이야기하죠. 저는 한국 시장과 일본 시장은 본질적으로 다르다고 생각합니다. 일본은 지나친 버블로 주식도, 집값도 너무 비싸니까 장기적으로 자산 가격이 떨어졌습니다. 하지만 한국 시장은 적어도 거품은 없는 것 같아요. 우리가 늘 코리아 디스카운트를 이야기하지 않습니까? 한국의 문제는 뭔가 성장 동력을 찾지 못하니까 고점이 잘 안 높아지는 것입니다.

　이런 이유로 한국에서는 바텀업(아래에서부터 위로) 방식으로 잘 사는 게 중요합니다. 아니면 다른 대안을 찾는 거죠. 즉 한국 시장은 숲보다는 나무가 중요하고, 해외 투자에 관심을 기울여야 합니다.

2023년도는 한국의 전통 제조업 주식들이 상대적으로 낫지 않을까 생각합니다. 세계화 시대, 즉 경제적으로 효율적으로 생산하고 팔았던 세상에 뭔가 다른 논리들이 들어오고 있습니다.

최근 우리나라 대기업들이 미국에서 투자하기로 약속하지 않았습니까. 그럼 미국에서 투자하는 건 효율인가요, 비효율인가요? 미국이 큰 시장이고 세제 혜택도 받고 그 시장을 잘 공략하면 특정 기업들에는 기회가 되겠지만 시장 전체적으로 보면 비효율이죠. 중국에서 싸게 만들었던 것을 정치적인 이유로 자기들 땅에서 만들려고 하는 거 아닙니까. 그래서 경제 전체적으로 보면 세계화가 후퇴하면서 효율적이지 못합니다.

미국은 금융이나 소비 중심으로 돌아가는 경제였는데, 중국에 대한 의존도를 낮추는 과정에서 투자를 확대했습니다. 미국 GDP에서 투자가 차지하는 비중이 사상 최고치입니다. 앞으로 높아질 것 같고요, 한국의 일부 대기업에는 틀림없이 기회가 될 것으로 생각합니다.

우리나라는 중국이 자본주의에 편입되는 과정에서 가장 큰 수혜를 봤습니다. 우리나라 대중 무역 수지 흑자가 그 증거입니다. 그런데 2022년 5월부터 대중 무역 수지가 적자를 기록하기 시작했습니다. 1994년 이후로 처음 나타난 적자였습니다. 그 이후 9개월째 이어지고 있습니다.

중국이 코로나로 나라를 봉쇄해서 경제가 정상화되지 않았었는데 2023년에는 정상화되지 않겠습니까. 교역이 정상화되면 우리나라의 대중 무역 수지가 흑자로 돌아설 수도 있다고 생각합니다. 하지만 한국이 중국에서 엄청나게 많이 벌었던 사이클은 좀 지나가고 있는 거 같습니다. 그래서 저는 장기적으로 한국 경제가 중국 경제 의존도를 낮추는 방향으로 가야 한다고 봅니다.

우리나라 정책 방향도 소부장(소재·부품·장비)류의 전통 제조업에 주목해야 합니다. 2019년 일본이 한국을 공격하면서 소부장 자립 이야기가 나왔는데, 이번 정부 들어 중국에의 의존도를 낮추겠다는 의도도 있습니다. 이러면 한국의 전통 제조업 소재 쪽에 기회가 있을 거로 생각합니다. 이런 기업들이 하반기에 주가가 많이 올랐지만 밸류에이션이 별로 비싸지 않습니다. 가치 대비 비싸지 않기 때문에 가치주 콘셉트의 글로벌 투자 사이클에 편승할 수 있는 제조업에 관심 가져주시길 바랍니다.

한국도 카카오나 네이버 같은 성장주, 미국도 팡(FAANG)으로 대표되는 성장주들이 좋았는데, 이제 성장주들은 앞으로 조금 어려운 시간이 남아 있을 듯합니다. 다만 소위 4차 산업혁명을 주도하는 종목들, 즉 '위대한 기업'이라고 할 만한 아마존이라든가 구글이라든가 혹은 넷플릭스까지, 이런 기업들이 바꾸는 세상이 앞으로도 지속될 거라고 봅니다. 그럼에도 투자자로서는 조심해야 한다고 생각합니다.

우리가 종종 투자에 있어서 낭패를 보는 것은 어떤 위대한 기업을 선택하지 않아서가 아니고, 그 위대한 기업을 너무 비싸게 사기 때문입니다. 예를 들어볼까요? 마이크로소프트는 위대한 기업입니다. 닷컴 버블 때도 나스닥 시가총액 1위였고, 20년이 지난 2020년쯤 4차 산업혁명을 주도할 때도 시가총액 1위 기업이었습니다. 정말 좋은 기업이죠. 저는 20년 정도 투자하신다면 마이크로소프트나 아마존 같은 위대한 기업을 사셔도 된다고 생각합니다.

다만 마이크로소프트 주식이 과도하게 오른 다음 닷컴 버블이 붕괴될 때 한 60%의 조정을 받았습니다. 그런데 지금 아마존이나 이런 기업들도 많이 조정을 받았거든요. 중요한 건 그 이후의 흐름입니다. 닷컴 버블 때 60% 조정받고 한 7~8년 동안 횡보했습니다. 미국이 성장주 중심으로 주가가 많이 올랐기 때문에 2023년도 미국 시장이 한국보다 좋을지는 회의적입니다.

다음 그래프는 미국 시장 대비 한국 시장의 상대 강도입니다. 올라가면 한국이 미국보다 좋은 겁니다. 1980년대는 미국보다 한국 주식이 훨씬 좋았죠. 1980년대 투자의 승자는 일본과 한

S&P 500 지수 대비 코스피 상대 강도

(%p)

1980년대	1990년대	2000년대	2010년대
연율화 수익률	코스피 +1.2%	코스피 +5.1%	코스피 +3.7%
코스피 +24.7%	S&P 500 +15.3%	S&P 500 -2.7%	S&P 500 +10.6%
S&P 500 +12.6%			

코스피 상대 강세

S&P 500 상대 강세

자료: 신영증권

국을 비롯한 대만, 싱가포르 등 아시아였고, 1990년대에는 미국이 훨씬 좋았습니다. 2000년대 초반은 미국 주식을 들고 있으면 바보였죠. 한국은 미국이 횡보하는 동안에 4배 올랐어요. 그런데 지난 10년은 미국이 좋지 않았습니까. 그래서 저는 자산 시장은 늘 돌고 돈다고 생각합니다.

성장주가 좋았으면 가치주에게도 기회가 오고, 또 미국이 좋았으면 한국에도 기회가 옵니다. 미국 시장에서 성장주 비중이 굉장히 높아졌기 때문에 미국의 제조업 주식이나 배당주에 좋은 기회가 있다고 봅니다. 지금 미국 주식시장을 보더라도 아마존 같은 주식은 고전하고 있지만 월마트 같은 주식은 사상 최고치를 경신하고 있습니다. 그래서 한국의 전통 제조업 주식에게도 2023년에 기회가 있지 않겠는가 생각합니다.

서철수 지금은 코로나 초기 때처럼 유동성 장세는 아니죠. 그렇다고 경기나 실적이 썩 좋은 국면도 아닙니다. 앞서 퀄리티주라고 말씀을 드렸는데, 이제는 실적이 나오는 쪽으로 차별화가 될 것 같습니다.

경기가 안 좋은데 실적이 어떻게 잘 나올까요? 정부가 적극적으로 밀어주는 산업 아니면 재편되는 글로벌 공급망의 수혜를 입는 산업, 더 좋은 것은 이 2가지에 다 해당하는 것이죠.

테크놀로지는 당연히 중요합니다. 장기적으로 기술과 혁신이 세상을 바꾸게 되고 그만큼 엄청난 보상을 받게 됩니다. 애플이 그랬고 테슬라가 그런 거죠. 그다음에 한 2~3년 전부터 ESG도 대단히 중요하죠. 환경, 탈탄소도 강조하고 있습니다. 지정학(geopolitics)은 조금 다른 의미에서는 글로벌 공급망의 재편이죠.

이 3가지 키워드 중에서도 공통분모가 가장 유리할 것입니다. 예를 들어 전기차나 배터리가 있죠. 미국이 배터리 분야에서 중국의 밸류체인을 밀어내려고 하고 있지 않습니까. 그린 에

글로벌 투자 콘셉트: GET

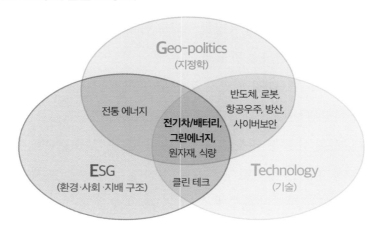

주요국 주가 장기 추이

자료: 블룸버그, 미래에셋증권 리서치센터

너지도 마찬가지고요. 조금 더 나간다면 원자재나 식량 등이 안보가 되고 있기 때문에 유망할 거라고 봅니다.

조금 더 확장한다면 반도체, 로봇 등의 제조업을 미국이 리쇼어링(자국으로 되돌림)하고 있지 않습니까? 이는 국내도 비슷하죠. '태조이방원'이라고 태양광, 조선, 2차전지, 방산, 원전을 이르는데, 사실 대부분 비슷한 콘셉트라고 할 수 있죠. 이런 산업들은 경기랑 큰 상관없이 꾸준히 정책이 밀고 공급망 재편의 수혜를 입을 것이기 때문에 장기적으로 계속 좋을 것으로 예상합니다.

국가 측면에서 하나 더 말씀드리면, 인도가 넥스트 차이나로 부상하고 있습니다. 내수 시장도 크고 인구도 많죠. 여기에 미국과 중국의 패권 다툼에서 생긴 지정학적 수혜도 있어 2016년부터 상당한 속도로 주가가 상승하고 있습니다. 인도라고 하면 14억 인구, 평균 GDP 같은 걸 먼저 생각하는데, 우리가 인도라는 나라를 사는 게 아니라 거기에서 가장 뛰어난 소수의 기업을 사는 거거든요. 그러니 인도의 기업에 대해서도 장기적으로 관심을 가질 필요가 있겠습니다.

사회자 마지막으로 투자자들에게 당부하고 싶으신 말씀이 있으면 부탁드리도록 하겠습니다.

서철수 2가지 말씀을 드리고 싶습니다. 첫째, 전반적인 자산 관리 관점에서 주식 투자에 접근할 필요가 있습니다. 내가 가진 자산 중에서 금융자산과 실물 자산의 비중은 어떤지, 금융자산 중에서 안전 자산과 투자 자산의 비중은 어떤지, 투자 자산 중에서 국내와 해외 자산 비중은 어떤지 등을 종합적으로 봐야 합니다.

둘째, 2022년이 이례적인 해였다는 것입니다. 코로나 후유증과 러시아-우크라이나 전쟁의 충격이 컸죠. 하지만 2023년에는 조금 달라질 겁니다. 금리가 안정되면서 새로운 시작을 할 수 있지 않을까 기대와 응원을 드립니다.

김학균 주식 투자 인구가 1,300만 명 정도라고 합니다. 동학개미 투자 붐 이후에 거의 두 배가 됐어요. 우리나라 경제성장률이 이제 2% 정도 한다는데, 총량적으로 우리가 열심히 일해서 돈을 벌기는 힘든 세상이 된 듯합니다. 투자는 어떻게 보면 돈을 움직이게 하는 거거든요. 내 돈을 잘 운용할 수 있는 기업이나 좋은 자산에 투자해서 증식하는 거죠.

벤저민 그레이엄은 주식시장을 '미스터 마켓'이라고 부릅니다. 미스터 마켓은 조울증 환자 같다고 하죠. 어떨 때는 굉장히 흥분해서 가격이 높은 것도 덥석덥석 용인되고 어떤 것은 굉장히 싼 데도 겁이 많아지고. 요즘 주식시장은 돈이 잘 안 들어오고 있거든요. 주식시장으로의 자금 흐름을 결정짓는 요소가 무엇인지 생각해보면 그냥 주가 같아요. 올라가면 들어오고 떨어지면 빠져나가고. 자산은 싸게 사서 비싸게 팔아야 하는 것인데 반대로 행동하고 있죠.

지금은 전체적으로 주식이 저평가되어 있기 때문에 지금 팔아서 위험 관리를 하기에는 실익이 없어 보입니다. 다만 개별 주식을 가지고 계신 분들은 이 회사가 혹시 망할 기업은 아닌지 그때그때 봐야 한다고 생각합니다. 저는 약세장을 견디는 것도 투자고 좋은 종목을 잘 사는 것도 투자지만 시간을 견디는 것도 투자라고 생각합니다.

예를 들어서 한 기업의 적정 주가가 1만 원이라고 판단했어요. 그런데 현재 주가가 7천 원이라고 하는 것은 사람들이 1만 원이라는 가치를 몰라주기 때문이거든요. 사람들이 가치를 언제 알아줄지 우리는 알 수 없어요. 그러니까 싸게 사는 건 사람들이 알아줄 때까지 기다려야 한다는 게 전제되는 겁니다.

그러니 투자자분들이 신중히 잘 고른 자산이라면 시간이 지나 보답할 거라고 생각합니다. 미국이 100년 동안 별의별 일을 다 겪었지만 결국 5%씩 복리로 쌓여 100년 동안 170배 수익이 나는 것처럼, 지금 이 어려운 시기를 잘 견디는 것도 투자라는 말씀을 꼭 드리고 싶습니다.

2023년 경제 전망과 자산 전략
'위험을 기회로 접근하라'

1세대 스타 애널리스트
김한진

삼프로TV 이코노미스트

"

시장에 있는 많은 변수를
다 헤아리려고 하지 마라,
내가 놓치고 있는 것은 아닐지 두려움을 갖지 마라.

"

지금부터 2023년 경제 전망과 자산 전략을 알아볼 것이다. 그 전에 하워드 막스(오크트리 캐피털 회장)의 책 『투자와 마켓사이클의 법칙』에서 얻은 인사이트를 이야기해보고자 한다. 투자와 마켓 사이클에 대해서 일가견을 가진 하워드 막스는 "경기가 어디쯤 와 있는지 대략적인 위치 파악 정도면 충분하다."라고 했다. 주식을 적극적으로 사야 할 때인지 아니면 적극적으로 팔아야 할 때인지 아니면 그 중간에 긍정적 마인드를 갖기 시작해야 할 때인지 아니면 시장에서 빠져나와야 할 때인지 정도만 파악하면 되지 지나치게 디테일하게 들어가지 말라는 것이다.

2023년은 위험이 많다. 큰 흐름에서 많은 우여곡절이 있을 테지만 그럼에도 주식을 사는 마인드로 접근하는 게 좋을 듯하다. 이제 본론으로 들어가보자.

세계 경기는 침체 후 완만한 나이키형 회복 ◆

2023년에 굉장히 위험이 많다. 인플레이션도 잡히지 않을 것이다. 결국 2023년이 경기 침체라는 측면에서 가장 어두운 시점이 될 것이다.

주식 투자 관점에서 보는 경기와 기업 경영 또는 대학 교수 등 이론적인 측면에서 접근하는 관점의 경기는 조금 다르다. 주식시장의 애널리스트, 이코노미스트는 경기가 더 이상 나빠지지 않으면 주가가 오른다는 명제를 깔고 전망한다. 그러니까 쉽게 낙관적 오류가 발생했다. 경기가 조금 나빠질 거라고 생각했는데 크게 나빠졌고, 물가 상승을 예상했는데 훨씬 더 높은 물가가 형성되었고, 연준이 금리를 올리는 속도도 엄청 가팔라졌다. 그래서 낙관적 전망의 오류가 반대로 비관적 오류의 전망으로 바뀌는 시점이 2023년이 될 것이다. 그러니까 2023년에는 나쁘긴 나쁜데 상대적으로 덜 나쁜, 조금 적게 나쁜 변곡점이고, 2분기~3분기 언저리는 주식시장이 추세적으로 반전할 수 있는 변곡점이 될 가능성이 높다.

2023년 경기 침체는 우리가 보는 것보다 나쁜 경기가 진행될 가능성이 높다. 첫째, 물가가 아직 높다. 지금은 경기가 인플레이션을 결정하는 게 아니라 인플레이션이 경기를 결정한다. 경기가 물가를 결정하기보다는 높은 물가와 그에 따른 통화정

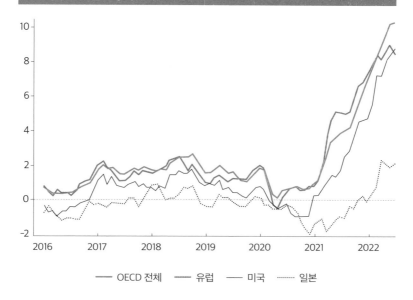

전 세계 소비자물가 추이

자료: OECD 2022/8/7 CPI 업데이트

책이 경기를 결정하는 것이다. 물가 전망을 틀렸기 때문에 경기 예측을 못한다. 물가를 과소평가한 것이 낙관적 오류의 근원인 것이다. 전 세계적으로 물가가 아직 높다. 그러니 경기가 좋을 것인지 나쁠 것인지 물어보면 나쁘다고 답할 수밖에 없다.

둘째, 아직까지 물가가 떨어지지 않은 요인은 돈이 풀려 있기 때문이다. 미국 인플레이션 중에 절반 정도를 차지하는 것이 수요 인플레이션이다. 다시 말해 돈이 많이 풀렸기 때문에 수요가 일어난다. 지금 이 부분이 쉽게 안 잡히기 때문에 2023년 경기

회복이 매우 느릴 것이라고 예상한다.

그래서 2023년 경기 회복은 U자형도, V자형도 아닌 나이키형일 것이다. 왜 인플레이션이 천천히 잡힐까. 여러 요인이 있지만 돈이 이미 풀려 있는데 연준이 돈을 급격하게 회수하지 못하기 때문이다.

세 번째 원인은 연준이다. 경기 침체는 각국이 1년 이상 '지각 긴축'을 한 비용이기도 하다. 연준은 이미 1년 지각했으니 계속 매파 발언을 내놓을 것이다. 소비자물가가 5% 이하로 떨어질 때까지는 그럴 듯하다. 기준금리가 소비자물가보다 낮아지면 연준은 안심할 것이다.

넷째, 각국 동시 경기후퇴로 인한 상호 부작용이다. 코로나 팬데믹으로 인해 전 세계적으로 돈을 풀었다가 돈을 회수하고 있다. 그러다 보니 전 세계의 경제가 거의 같이 움직인다. 2023년은 거의 모든 국가가 동시에 불황에 진입해 서로 큰 악영향을 미치고 미국도 영향을 받을 것이다.

다섯 번째 요인은 정부의 경기 부양 능력의 고갈이다. 코로나 팬데믹으로 국가 재정이 고갈됐는데, 경기가 나빠 세수 감소가 예상된다. 경기 부양 여력이 없는 것이다.

정리하자면 세계 경기는 장기 불황에 진입했다. 2023년 미국과 유럽은 역성장할 것이다. 미국 경제성장률을 -0.9%로 전망하지만 보수적으로 보더라도 주식시장이 궤멸적으로 하락하지

경기 침체 예상 시나리오

경제지표 가격변수	국가·항목	2020	2021	2022E	2023E	2024E
GDP 성장률 (% 전년비)	미국	-3.4	5.9	0.1	-0.9	1.3
	유로존	-6.4	4.5	1.0	-1.4	1.0
	중국	2.3	8.0	3.1	3.7	4.3
	한국	-0.9	4.1	2.4	1.0	2.3
미국 소비자물가 (% 전년비)	미국 CPI	1.3	7.0	7.3	4.1	2.7
	미국 근원 CPI	1.6	4.9	5.5	3.8	2.7
한국 소비자물가 (% 전년비)	한국 CPI	0.6	3.7	5.4	3.9	3.1
기준금리 (연말 %)	미국	0.25	0.25	4.50	5.00	4.25
	한국	0.50	1.00	3.25	3.75	3.00
시장 금리 (연말 %)	미국 (국채10년)	0.91	1.51	3.70	3.10	2.70
	한국 (국고10년)	1.72	2.26	3.85	3.30	3.00
국제유가 (달러/배럴 연말)	WTI	48.5	75.2	83.0	72.0	68.0
환율 (연말)	원/달러	1,086.5	1,189.9	1,310.0	1,280.0	1,230.0
	원/100엔	1,051.8	1,033.8	956.2	984.6	984.0
	달러/유로	1.22	1.14	1.03	1.07	1.11
	엔/달러	103.3	115.1	137.0	130.0	125.0
	달러(DXY)	89.9	95.7	105.0	100.0	96.0

*주: BOK 성장률 전망=2022년 2.6%(상반기 3.0%, 하반기 2.4%), 2023년 2.1%(상반기 1.7%, 하반기 2.4%)

출처: tradingeconomics.com, BOK, FRB. 전망은 3PRO TV 2022/11/30 updated

는 않을 듯하다. 왜냐하면 -0.9%는 기업 실적을 후퇴시키는 정도의 거시적 변수는 아니기 때문이다.

우리나라 경제성장률은 어떨까

우리나라 경제는 1% 성장도 어려울 것으로 전망한다. 고물가, 통화긴축, 내외수 복합 불황 때문이다. 이런 이유로 사람들은 주식을 팔고 주식시장으로 자금이 들어오지 않고 있다. 경제성장률이 어떻게 될지는 아무도 모른다. 다만 앞서 이야기했듯이 경기 자체가 중요한 게 아니라 경기에 대한 전망이 더 나빠지느냐, 아니면 나쁜 전망보다 실제치가 더 밑에서 형성되느냐, 아니면 우려했던 것보다는 조금 덜 나쁘냐가 문제다. 그 예측치와 실제치의 아주 미세한 차이에 변곡점이 언제 올 것이냐가 중요하다. 나는 2~3분기 사이로 본다.

왜 이렇게 예상했을까? 지금 전 세계 기업이 어렵지만 미국 기업의 회복은 좀 빠를 것 같다. 미국 기업이 인력을 줄이다 보니 소비가 둔화되고 임금 하락 등이 나타나며 실질적인 경제지표가 무너지는 시기가 2023년 2분기라고 본다. 통화정책의 누적 효과가 나타나 이 시기에 물가와 실물 경기를 누를 것으로 예상한다.

그래서 3월에서 6월 사이가 비관적 오류가 가장 커져 사람들이 실망을 금치 못하는 시기일 거라고 생각한다. 그때 금리가 큰 폭으로 떨어지는 시기고, 금리 대비 주식시장의 밸류에이션이 돌아서는 시기일 것이다.

요즘 예금에 따라 연 5~6%의 수익도 가능한데 불확실한 주식시장에 적극적으로 들어오는 사람이 있을까. 아마 없을 것이다. 경기 침체로 인해서 경기 금리가 떨어지면 서서히 수급이 돌아설 것이다. 이 시기를 잘 관찰해야 한다.

경기, 환율 등 남아 있는 위험 요인 ◆

남아 있는 위험 요인을 살펴보자. 여기에 제시한 위험이 모두 2023년 주식시장을 짓누르는 위험이라고 생각하지는 않지만, 그래도 투자 시 명심하고 있어야 한다. 얼토당토하게 틀릴 수도 있지만 예상외로 불거질 수도 있다. 세계적인 자산운용사 피셔 인베스트먼트의 설립자인 켄 피셔는 "실제 중요한 건 우리가 전혀 모르는 악재와 우리의 예상보다 나빠지는 악재다."라고 했다. 그러니까 지금 생각하는 악재는 주식시장에 어느 정도 반영되어 있다는 것이다. 앞서 이야기한 경기 침체 역시 시장에 반영되어 있다. 전 세계적으로 위험 자산에 대한 선호도는 굉장히 낮아져 있다. 2023년 경기 침체가 확실하니까 이미 반응한 것이다.

이런 관점에서 첫 번째 리스크는 경기 침체 자체에 있다. 그런데 개인적으로는 이 위험이 그렇게 크지 않다고 생각한다. 그동안 물가상승률은 오류가 많았다. 그로 인해 경제 전망이 틀렸고, 그로 인해 통화정책의 경로가 달라지고, 연준의 가파른 금리 인상으로 경기 침체가 심각해지는 악순환의 고리에 빠져 있는데, 지금 물가가 조금씩 떨어지고 있다. 경기 침체가 깊어질 가능성은 위험으로서 크게 염두에 두지 않아도 될 듯하다. 다만 경기 침체가 회복되는 과정은 느리게 진행될 가능성이 있다.

두 번째, 환율 시장이다. 우리나라는 외국인 투자자가 들어와야 주가가 탄력적으로 올라가는 속성이 있다. 외국인 투자자는 현재 원달러가 얼마냐, 몇십 원이냐를 보는 게 아니라 환율의 방향성을 중시한다. 원달러가 내려가는 방향이냐 올라가는 방향이냐를 중요하게 여기는 것이다. 그렇기에 환율 시장의 위험은 2023년에도 남아 있다. 경기 침체는 이어질 테고 안전 통화 선호는 계속될 것이다. 주식시장이 단기적인 반등을 하며 외국인이 신흥국 주식을 사들일 수도 있지만 구조적으로 개선되지는 않을 것이다. 또 2023년 세계 경기 침체로 유로화 약세 위험이 커졌다. 현실적으로 달러가 약세로 가도 하단이 막힌 제한적인 달러 약세일 가능성이 있어 한국 시장으로의 유입은 그렇게 크지 않을 것이라고 생각한다.

세 번째 위험은 엔화다. 엔화가 변동되면 원달러가 바로 같이 움직이니까 한국 환율에도 시사점이 크다. 크게 염두에 두지 않아도 되지만, 원화가 글로벌 달러 변동에서 독립하지 못했기에 유로, 엔, 파운드화의 동향을 눈여겨보자.

네 번째는 부채다. 각국의 부채 비율이 급증하고, 신흥국 외환 및 금융시장에 부담이 커졌다. GDP 대비 부채 비율을 봤을

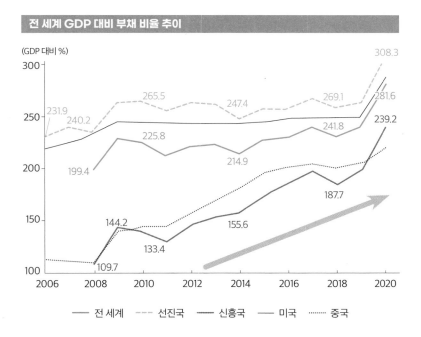

전 세계 GDP 대비 부채 비율 추이

(GDP 대비 %)

*주: 비금융 기업 부채, 정부 부채, 가계 부채 합계

자료: BIS

때 신흥국은 2008년 이후 부채 비율이 2.5배나 증가했다. 경기 침체기에 금융 건전성이 더 나빠지고 신용 경색이 커질 것이고, 달러 부족 위험에 빠질 수 있다. 달러 강세 국면에서는 신흥국의 피해가 클 수밖에 없다. 그러니 신흥국에 투자한다면 제한적인 투자를 권한다.

중국은 분명 2023년 대규모 경기 부양책을 펼칠 것이다. 그러니 단기 투자를 한다면 잠깐 성과를 볼 수 있지만, 중국 경제가 좋아진다는 신호가 확인되면 빠져나오거나 추가 자금 투입을 자제하는 편이 좋겠다. 중국 저성장의 원인은 뿌리가 깊기 때문이다. 중국 성장률은 부동산 투자로 이루어졌다. 코로나 규제 해제는 2023년 중국 주택 건설 경기 회복에 기여할 테지만 경기가 좋아지면 다시 규제를 시작할 것이다. 이 과정에서 성장률은 제약이 있을 수밖에 없다. 중국의 성장은 한계가 있다고 사람들이 생각하게 될 것이다.

중장기적인 위험 요인 ◆

2010년부터 코로나 팬데믹 직전까지 제로 금리를 수용할 정도로 물가가 낮았다. 여러 이유가 있겠지만 가장 큰 것이 중국에서 생산하는 낮은 원가의 물건들이 전 세계에 공급되었기 때문이었다. 이 부분이 흔들리고 있다. 미국은 혁신 성장 및 기술 패권을 유지하기 위해 점점 더 중국을 더욱 견제할 수밖에 없다. 탈세계화 흐름으로 이어진다. 예전에는 가장 싼 노동력을 수입해서 가장 싼 곳에 공장을 지어서 가장 수요가 많은 곳에 수출하면 됐지만, 이게 진영 논리를 따르게 되면 불가능하다. 그런 측면에서 앞으로 저물가 저금리 사이클은 있겠지만 과거처럼 제로 금리 그 다음에 거의 0%대의 물가는 실현되기 어렵다. 앞으로 기준금리는 낮을 때 2~3%, 높을 때 5%가 될 가능성이 있다.

미국과 중국의 기술 분쟁 등의 부분에서는 수혜 기업들이 많이 나올 것이다. 앞으로 주가수익 비율을 따질 때 기술력에 대한 평가를 높게 할 것이다. 기술력이 입증되었지만 PER이 낮은 기업들은 2023년에 새로운 기회를 얻을 것이다.

고령화도 위험 요인이다. 약간 제한적인 위험인데, 기회 요인일 수도 있다. 2050년에 65세 인구가 2020년보다 8억 2천만 명이 증가한다. 이 관점에서 향후 10년간 바이오 헬스케어가 유망한 업종일 수 있다. 그러니 바이오 헬스케어 ETF는 자산 포트폴리오에 편입해놓는 게 좋을 듯하다.

지금까지 여러 위험 요인을 살펴봤으니, 다음으로 대응 전략을 알아보겠다.

채권 및 주식 전략, 자산 배분 전략 ◆

주식 투자의 가장 큰 덕목을 하나만 말해보라고 하면 포모 (FOMO; Fear Of Missing Out)라고 생각한다. 유행에 뒤처지는 것에 대한 공포 심리, 소외되는 것에 대한 불안감을 의미한다. 즉 올라갈 때 주식을 사지 않으면 손해 볼 것 같은 두려움, 떨어질 때는 이제라도 팔아야 할 것 같다는 두려움이다. 그러니 믿을 것은 PER이다. PER만 잘 봐도 엉뚱한 종목에 투자하지 않는다.

코스피 PER이 한 11배 정도인데, 2023년 이익이 더 안 좋아지니 조금 높아질 수 있다. 그런데 11배는 고평가된 게 아니다. 역사적으로 8~13배 사이에서 움직였기 때문에 거품이라고 이야기하기도 어렵다. 그런데 종목으로 보면 포스코홀딩스나 자동차 쪽은 PER이 3~6배 사이다. 성장주라고 분류되는 종목도 PER이 다 내려왔다.

경기가 안 좋아져서 주가가 떨어질까 하는 불안감에 패닉 셀링은 일어난다. 2023년에도 경제지표가 안 좋게 나오면 투자 심리가 망가지고 주식을 파는 포모 단계가 있을 수 있다. 우리는 어떻게 대응해야 할까. 지금부터 알아보자.

첫 번째는 채권이다. 만기가 긴 채권을 지금 사두거나 아니면 특판 예금을 가입해야 한다. 2023년 초까지 우량 채권 투자 최적기라는 걸 명심하자.

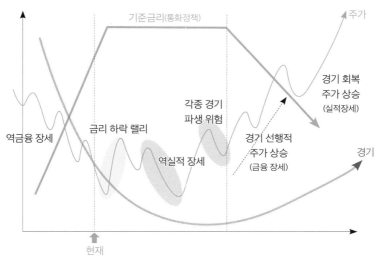

기준금리(통화정책)

주가

경기 회복
주가 상승
(실적장세)

각종 경기
파생 위험

금리 하락 랠리

경기 선행적
주가 상승
(금융 장세)

역금융 장세

역실적 장세

경기

현재

*주: 통화정책 및 경기와 관련해 향후 주가 흐름에 대한 전망 개념도

자료: 삼프로TV

두 번째 주식 전략이다. 위 그래프를 보자. 장기금리 하락에 주가 랠리가 이어질 것 같다가 내려간다. 미 국채 10년물이 3% 근처에 가면 경기가 침체되니까 금리를 내려갈 걸 예상하고 주가가 올라갈 것이다. 하지만 결국 나쁜 실적과 경제지표를 확인하며 역실적 장세가 나올 것이다. 그런 다음 실제로 경기가 돌아서는 게 아니라 실제로 돌아서는 지표들이 나올 것이다.

ISM 제조업 구매관리지수(PMI)는 50을 기준으로 이상이면 경기 확장을, 이하면 수축을 의미한다. 하지만 43에서 44로 높아지는 모습을 보여도 투자 심리는 좋아진다. 경기가 실제로 좋

최고의 시나리오 vs. 최악의 시나리오

• 미국 경기 연착륙 확인	• 상상 초월의 세계 경기 침체
• 러-우 종전과 유럽 경기 회복	• 유로존과 영국 재정 위기
• 중, 봉쇄해제, 부양 효과 4%대 성장	• 엔 폭락, 신흥국 환율 도미노 하락
• 달러 약세, 신흥국 위험 안정	• 중, 금융위기, 위안화 절하
• 금리 하락으로 신용 경색 해소	• 신흥국 외환위기 확산
• 국지적 기업부도는 있지만 소규모 그쳐	• 기업파산 확대, 광범위한 신용 경색
• 미중 갈등, 장기적 이슈에 불과	• 지정학적 위험 증폭

아지는 건 2024년 중반일 것이다. 하지만 선행성이 있는 주가는 금리가 동결되어 있는 동안 바닥을 찍고 출렁거리며 올라간다. 주가가 출렁거리긴 하지만 결국 추세적으로는 올라갈 것이다. 2024년 중후반부터는 경기가 확실하게 반등할 테니 말이다.

미국 지표 중 제일 중요한 지표 하나만 꼽으라면 ISM 제조업 지수다. 제조업이 반등해야 전체 경기가 살기 때문이다. 아무리 서비스가 중요해도 그 중심인 제조업 경기가 돌아서야만 전 세계 경기도 좋아지고 미국 경기 자체도 좋아진다. 그러니 반드시 눈여겨보도록 하자.

최고의 시나리오를 모아보면 2023년도 코스피 3천 선을 가도 시원치 않고, 최악의 시나리오대로 가면 2천 선을 찍을 수도 있다. 이 안에서 주가가 변동성을 보일 듯하다. 범위가 굉장히 넓지만 2023년 자체가 태생적으로 그럴 수밖에 없는 구조라고 생각한다.

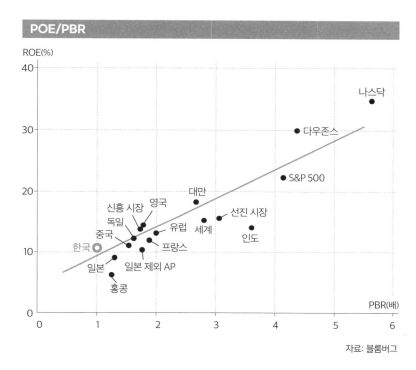

POE/PBR

ROE(%)

- 나스닥
- 다우존스
- S&P 500
- 대만
- 신흥 시장
- 영국
- 독일
- 중국
- 유럽
- 선진 시장
- 세계
- 한국
- 프랑스
- 인도
- 일본
- 일본 제외 AP
- 홍콩

PBR(배)

자료: 블룸버그

중장기적으로 원화 자산 집중에서 벗어날 필요가 있다. 지금 만약 해외 주식이 거의 없다면 지금부터 해외 주식을 조금 접해보자. 원달러 환율이 높게 형성되어 있기 때문에 결코 서두를 필요는 없다. 한국 주식과 해외 주식을 5 대 5로 가져가는 것이 바람직한 포트폴리오 균형이라고 생각한다.

우리나라 기업 이익률이 너무 낮고 미국 기업 이익률은 굉장히 높다. 위 그래프를 보자. 미국 등의 주식은 그래프 상단에서 움직이겠지만 우리나라는 그렇지 않다. 물론 좋아지고 ROE가 높아지겠지만 우리나라는 사실 전 세계적인 소비재 기업들이 없어 PBR이 낮고 한계가 있다. 또한 환율의 변동성에 노출되어 있다는 것도 약점이다.

우리나라는 앞으로 10년간 GDP 3만 달러의 함정에 갇혀 있는, 성장성이 굉장히 제한된 국가다. 선진국도 신흥국도 아니기에 외국인 자금을 추가로 끌어들이는 데 한계가 있다. 이런 이유로 해외 주식에 관심을 계속 가졌으면 좋겠다.

앞으로의 슬기로운 자산 관리 ◇

향후 자산 관리에서 꼭 기억해야 할 키워드가 있다. 첫 번째, 2023년 중·하반기 2차 신용 경색 가능성이다. 그러니 부채가 많이 쌓여 있는 중소기업이라든지 건설주 등의 기업에 투자하면 안 된다. 두 번째, 글로벌 분산투자다.

금리가 떨어지면 주식을 조금 사볼 만하다. 금리를 인하하기 시작하면 주식시장은 올라간다. 이런 관점에서 자산 전략을 이야기해보겠다.

지금은 주식 30%, 안전 자산 70%다. 하지만 2023년 중반까지 거꾸로 갈 것이다. 주식 70%, 채권 및 안전 자산 30%로 바꿀 계획을 하고 있다. 이런 관점에서 포트폴리오를 보자.

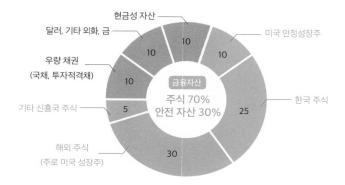

현금성 자산

달러, 기타 외화, 금

우량 채권
(국채, 투자적격채)

기타 신흥국 주식

해외 주식
(주로 미국 성장주)

미국 안정성장주

한국 주식

금융자산
주식 70%
안전 자산 30%

10
10
10
10
5
30
25

표준 포트폴리오는 전체 금융자산 중 배분 비율(%)을 예시했다. 현금성 자산은 즉시 현금화해도 손실이 없는 금융자산, 안정성장주는 우량 리츠, 제약, 음식료, 금융, 소비재, 인프라 관련 주 가운데 주주 환원율이 높고 꾸준한 성장이 가능한 기업의 주식을 말한다.

종목을 잘 모르면 ETF를 사도 된다. 2023년 하반기쯤 이 표준 포트폴리오로 만들어놓는 작업을 지금부터 시작하면 좋을 듯하다.

채권 투자의 시대,
자산가들의 비밀 노트

채권 전문가
박종철

NH투자증권 상무

"

지금 이 시기가 향후 내려올 기준금리를
수익으로 확정 지을 수 있는
채권 투자의 시기다.

"

사실 우리나라 사람들이 남의 말을 잘 안 믿는다. 무슨 말을 하면 지켜보고 의심하는 그런 성격이 있다. 나는 남의 말을 의심하는 이 성격이야말로 오늘날 우리나라가 빨리 성장할 수 있었던 원동력이었다고 생각한다. 다만 의심을 하려면 합리적 의심을 해야 한다. 이 기회를 통해 합리적 의심을 해보도록 하자.

2023년 채권시장 전망　　　　　　　　　　◆

2022년은 뭘 해도 손해였다. 국내 주식뿐만 아니라 해외 주식도 마찬가지였고, 채권도 국내든 해외든 모두 마이너스였던 시기였다. 과연 2023년은 어디에 관심을 둬야 할까? 만약 여윳돈

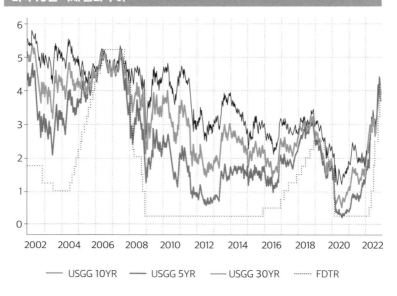

미국 10년 국채 금리 추이

———— USGG 10YR　———— USGG 5YR　———— USGG 30YR　········· FDTR

자료: BIS

이 있어 증권사나 은행에 어디에 투자하면 좋을지 문의했다면 아마 채권 이야기를 많이 들었을 것이다. 왜 채권인지 지금부터 정리해보겠다.

미국 국채 금리 추이를 보자. 맨 밑에 있는 라인이 미국 기준금리다. 사실 코로나 이후 2022년 시작할 때만 해도 기준금리가 0.25%였는데, 불과 1년 사이에 4.25%p가 올라 지금은 4.5%가 상단이다(2023년 3월 기준 4.75%). 굉장히 급격하게 미국이 기준금리를 올린 것이다.

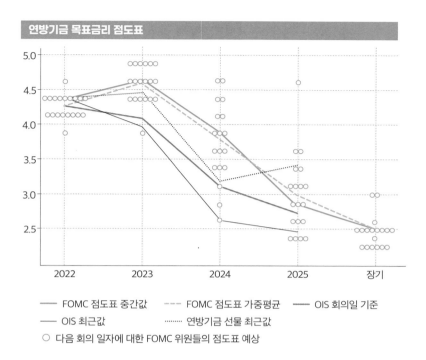

─── FOMC 점도표 중간값   ─ ─ ─ FOMC 점도표 가중평균   ─── OIS 회의일 기준
─── OIS 최근값   ········ 연방기금 선물 최근값
○ 다음 회의 일자에 대한 FOMC 위원들의 점도표 예상

정상적인 시장에서는 기준금리보다 장기물인 5년물이 기준
금리보다 조금 더 높을 수밖에 없고, 5년보다는 10년이 조금 더
높아야 하고, 10년보다는 30년이 더 높은 게 보통이다. 그러나
최근 움직임은 굉장히 붙어 있다.

실질적으로 단기물 금리가 장기물 금리보다 더 높다. 크로스
가 되어 있는 상태다. 이 말은 즉 지금은 기준금리를 미국 소비
자물가지수(CPI)나 물가상승률 때문에 많이 올라 있고 2024년
까지는 유지할 수 있겠지만, 장기적으로 봤을 때는 기준금리는

떨어져야 한다는 게 많은 사람의 생각임을 보여준다.

19명의 FOMC 위원(연준 이사 7명+연은 총재 12명)이 각자 시기별로 예상하는 기준금리를 표시한 점도표를 보면 2023년까지는 계속 5%대를 유지할 수 있을지 모르겠지만 2024년 이후 장기적으로 미국은 2.5% 정도가 목표 금리다. 결과적으로 금리는 떨어질 수밖에 없다고 생각하는 것이다.

채권은 금리와 반비례한다. 금리가 올라가면 채권 가격은 떨어지고, 금리가 떨어지면 채권 가격은 올라간다. 그러니 2023년은 채권에 투자하기에 굉장한 좋은 때다.

그렇다면 주식과 비교하면 어떨까? 양대 금융 상품 하면 주식과 채권인데, 아무래도 채권이 주식보다는 조금 더 쉬운 듯하다. 채권이 생각해야 하는 변수가 주식보다는 적기 때문이다. 예를 들어보자.

A라는 회사가 있다. 이 회사의 부채가 1천억 원 정도인데, 올해 1조 원을 벌었다. 이 회사 채권을 가진 사람 입장에서 이 회사는 만족스러운 회사일 것이다. 그런데 주식은 어떨까? 너무 적은 정보라 알 수 없다.

올해에 1조 원을 벌었는데 알고 보니 작년과 재작년에는 10조 원씩 벌었던 회사라면? 또는 이 회사가 1조 원을 번 반면 경쟁 회사는 10조 원을 벌었다면? 이렇게 상대적으로 평가되는 게 주식이라고 치면 채권은 그저 원금과 이자를 주는 게

주식 vs. 채권

특성	주식	채권
자본형태	자기자본	타인자본
소유자위치	주주	채권자
발행주체	주식회사	정부, 공공기관, 특수법인, 주식회사
상환여부	없음(불상환)	정해진 만기 시 상환
발행단위	액면 100원 이상 (통상 5천 원권)	1천 원부터 10억 원 등 다양 (통상 1만 원)
주요권리	경영참가권, 이익배당권 등	원리금상환청구권
의결권	있음	없음

주타깃이다. 그렇다 보니 돌발 변수가 많은 2023년 같은 경우 채권 투자가 상대적으로 안정적인 수익을 가질 수 있는 금융 상품일 수 있다.

해외 채권의 이해

현대 제네시스 G90을 국내에서 사려면 1억 6,500만 원 정도 지불해야 한다. 미국에서 사면 10만 달러 조금 안 되는 가격에 살 수 있다. 환율 1,300원을 적용하더라도 1억 3천만 원이다. 차량 등록비 1천만 원 정도 내는 것을 감안해도 사실상 해외에서 사

국내 신용등급 vs. 국제 신용등급

회사(선순위 기준)	국내 신용등급	국제 신용등급(무디스 기준)
대한민국 국채	AAA	AA2
한국수출입은행	AAA	AA2
한국가스공사	AAA	AA2
농협	AAA	A1
신한은행	AAA	AA3
우리은행	AAA	A1
삼성전자	AAA	AA2
현대차	AA+	BBB1
SK텔레콤	AAA	A3
포스코	AAA	BBB1
SK하이닉스	AA	BBB2

서 갖고 들어오는 게 훨씬 더 싸다.

여기서 의구심이 든다. 국내에서 차를 만들어서 물류비를 들여서 미국에서 파는 건데, 왜 미국에서 더 싸게 팔까? 미국 시장이 훨씬 크고 경쟁이 심하기 때문에 현대가 전략적 선택을 한 것이기도 하고, 미국에서의 위상 문제이기도 하다.

이를 채권에 적용해보겠다. 현대에서 국내와 해외에서 채권을 발행했다고 했을 때, 자동차처럼 국내보다 해외에서 더 높은 금리를 준다면 어떨까? 또 다른 투자의 기회가 생길 수도 있다.

실제로도 그런지 한번 살펴보자.

대한민국 국채의 국내 신용등급은 당연히 AAA다. 한국수출입은행이나 한국가스공사 같은 경우 국공채다 보니 당연히 국채 수익률과 같이 가고 있다. 국내 신용등급을 보면 투자할 때 어느 정도 안심이 되는 회사들이다.

국제적으로는 어떻게 평가를 받고 있을까? 국제 신용등급을 보면 대한민국 국채가 AA2다. 무디스는 알파벳에 1, 2, 3을 쓰고 피치나 스탠다드앤푸어스는 +, −를 쓴다. 무디스의 2는 중간값, 1은 +, 3은 −라고 보면 된다. 즉 대한민국 국채는 굉장히 높은 신용등급을 가졌다. 나머지 회사도 대부분 높다. 다만 국내 신용등급보다는 국제 신용등급이 조금 낮다. 어쩌면 여기에서 투자 기회에 대한 아이디어를 찾을 수 없을까?

해외 투자를 고려한다고 하면 2가지 투자를 동시에 하는 것이다. 하나는 채권을 사는 것이고, 하나는 통화를 사는 것이다. 채권 가격이 아무리 좋았어도 환율이 낮아지면 그만큼 손해를 본다. 그러다 보니 해당 통화의 움직임에도 관심을 가져야 한다.

2022년 10월에 1달러 환율이 1,400원을 넘었다가 지금은 1,300원 초반까지 빠져 있다. 과거 10년의 경험을 봤을 때 아직은 달러가 비싼 거 아닌가 생각하는 사람도 있고, 어떤 사람들은 환율이 다시 1,400원이 넘어갈 수 있다고 생각하기도 한다. 금융기관도 마찬가지다. 각 금융기관이 원달러 환율에 대한 예상치를 발표하는데, 예상치일 뿐이지만 장기적으로 환율이 1,250원에서 1,400원 전후라고 보는 듯하다.

예금과 채권 비교하기

최근 정기예금 금리가 한 4~6% 정도 나오고 있다. 불과 얼마 전까지만 해도 2.5%의 금리에도 줄 서서 정기예금에 가입했었는데 말이다. 당연히 내년, 내후년 계속 정기예금 금리를 그렇게 받을 수 있을 것으로 생각하는 사람보다 그렇지 않다고 생각하는 사람이 더 많을 것이다.

가정해보자. 당신에게 큰돈이 생겨서 이것을 안정적으로 운영하고 싶다면 어떻게 할 것인가. 표에는 우리은행이라고 적었지만 단순 비교를 위한 것이니 특정 은행이 아니어도 상관없다.

우리은행에 가서 정기예금에 가입하면 연 4.93%를 준다. 원화 채권을 산다고 하면 연 5.47% 수익률이다. 이 말은 즉 2027년까지 매년 5.47%의 이자를 받을 수 있다는 이야기다. 1년짜리 정기예금 4.93% 수익률을 받고 내년에 한 번 더 5%대 정기예금에 가입한다고 해도, 그다음 연도부터는 이런 수익률은 어려울 것이다. 합리적 투자자라면 예금보다는 원화 채권을

정기예금 vs. 원화 채권 vs. KP채권 vs. 해외 채권

	상품명	만기	만기수익률(%)	이자지급일	신용등급
정기예금	우리은행 정기예금	2023-12-08	연 4.93%	만기 시 지급 (1년에 한 번씩 재계약)	
채권	우리은행 원화 채권	2027-09-21	연 5.47%	지정 이자일 (연 4회 지급)	한신평 AA- (조건부자본증권)
	우리은행 외화 채권	2024-10-04	연 7.88%	지정 이자일 (연 2회 지급)	S&P BB+ (조건부자본증권)
	HSBC은행 해외 채권	2028-03-23	연 8.13%	지정 이자일 (연 2회 지급)	S&P BBB- (조건부자본증권)

고려해볼 수 있는 상황이다.

우리은행이 원화로도 채권을 찍지만 달러로도 채권을 찍는다. 달러로 발행된 채권(KP채권)의 연 수익률은 7.88%다. 발행사가 같으니 개별 채권에 대한 리스크는 차이가 조금 있을 수 있지만 큰 차이는 없으리라 생각된다. 굉장한 금리 차이다. 다만 하나는 원화고 하나는 달러이다 보니 단순 수익률을 비교할 수는 없다. 그럼에도 앞에서 예를 든 제네시스 G90을 미국에서 사서 우리나라로 역으로 가져오는 것과 동일한 효과다.

원화 채권과 외화 채권의 수익률 차이는 어디에서 올까? 신용등급이다. 변동성 조건부 자본증권에 대해서 평가 점수가 낮다. 그러니 환율을 고려해서 투자 기회가 있다고 하면 원화 채권뿐만 아니라 외화 채권도 생각해야 하는 시기가 돌아왔다. 대한민국은 이제 저금리 국가가 아니다. 전 세계적으로 우리나라보다 기준금리가 낮은 나라는 일본, EU, 호주 등 손에 꼽을 정도다. 투자자 입장에서 다른 나라에 충분히 투자 기회가 있음을 명심해야 한다.

국내에서 제네시스 G90을 사는 방법도 있지만 외국에 가서 사 오는 방법도 있다는 것을 알았다면, 한 걸음 더 나가보자. 제네시스 G90을 살 수 있는 돈으로 다른 외제차를 사올 수도 있다. 이렇듯 우리은행뿐만 아니라 다른 해외 은행을 고민해볼 수도 있다는 이야기다.

HSBC은행의 해외 채권과 비교해보자. 만기가 틀리기 때문에 일대일로 비교할 수는 없겠지만 임의로 비교하자면 수익률이 더 높다. 신용등급도 더 높다. 아무래도 신용등급이 높을수록 요구되는 만기 수익률은 낮을 수밖에 없다. 등급이 더 높은데 수익률도 더 높다면 굳이 우리은행을 고집할 이유는 없을 것이다.

2023년까지 기준금리가 계속 오른다고 하고 상당 기간 유지된다고 하면 사실상 모든 채권은 2022년 말에 바닥을 찍고 올라가고 있다. 장기물은 이제 어느 정도 바닥을 쳤다. 투자 기회는 어디에 있을까.

섹터별 채권 가격 둘러보기

우리나라 삼성 같은 대표적인 기술주를 한번 보자. 애플 채권은 신용등급이 좋다. 코로나 이전 채권 금리는 연 3~5%로 굉장히 낮게 발행됐다. 2020년 7월에 123달러로 최고가를 찍고, 미국이 기준금리를 높이면서 70달러까지 빠졌다가 현재 87달러 정도에 거래된다. 100달러에 샀을 때 3.45% 수익을 받으니 80달러에 사면 표면금리를 받기도 좋고 나중에 양도차익까지 기대할 만한 채권이다.

절대 망하지 않을 것 같은 기호식품을 다루는 기업도 보자. 말보로 담배를 만드는 알트리아그룹이다. 2021년 9월까지만 해도 100달러 정도 유지했던 채권인데, 기준금리가 낮아지면서 가격이 많이 빠졌다. 4% 채권이 매력이 있을까? 앞에서 말했던 것처럼 미국 기준금리는 장기적으로 2.5% 정도로 내려갈 것이다. 그때가 되면 4% 금리는 가격 상승의 요인이 된다. 주식과 다르게 이자를 계속 받을 수 있으니 충분히 인내할 수 있는 상품이다.

미국 포드 모터 컴퍼니도 보자. 마찬가지로 기준금리가 올라가며 가격이 내려갔지만, 아직 금리 인상 기조가 끝나지 않았는데도 채권 가격이 조금 반등하고 있다.

보통 해외 채권 하면 브라질 채권을 많이 생각한다. 고액 자산가 입장에서 브라질 채권은 사실상 없어서는 안 되는 채권이었다. 한-브라질 조세 조약 때문이다. 비과세이고 과표에 안 잡히니 매력적인 투자처로 여겨졌다. 하지만 결과는 안 좋았다. 왜냐하면 브라질 통화인 헤알로 투자하는 것이기 때문이다. 채권 가격도 빠지고 헤알도 원화 대비 빠지니 양쪽에서 손해를 입는 결과였다.

사실 브라질도 헤알뿐만 아니라 달러로도 채권을 찍는다. 기축통화인 달러로 투자하는 브라질 채권도 비과세 효과가 있다.

개인적으로 2024년에는 브라질 국채도 한번 고려해볼 만한 상품이라고 생각한다. 신용등급 이슈 때문이다. 브라질은 아직 OECD 가입국이 아니지만 가입을 준비하고 있다. 한 나라가 OECD에 가입하면 국제 신용도가 좋아지는 경향이 있다. 이런 경향이 있다는 정도만 알고 있으면 되겠다.

2023년 미국은 기준금리를 더 올릴 것이다. 멈추지 않는다며 상당 기간 유지한다고 겁을 주고 있다. 하지만 이 기조가 언제까지 유지될까? 등산에 비유하자면 적어도 산 정상이 보이는 데까지는 와 있다. 산 정상에 올라가면 그다음은 내려올 차례다. 기준 금리도 다시 내려올 거시다.

그렇다고 보면 지금 이 시기가 향후 내려올 기준금리를 수익으로 확정 지을 수 있는 채권 투자의 시기다. 2023년, 채권 투자를 한다면 안정적으로 잘 투자했다고 느낄 수 있을 것이다.

채권 용어

액면 채권 1장마다 권면에 표시되어 있는 "1만원", "10만원", "100만원" 등의 금액을 지칭

단가 유통시장에서 채권의 매매단가는 적용수익률로 계산한 액면 1만원당 단가

표면금리 액면에 대한 1년당 이자율(연이율)을 의미(할인채는 할인율 표시)

잔존기간 기 발행된 채권의 중도매매 시 매매일로부터 원금 상환까지의 기간

수익률 '이율'은 액면에 대한 이자의 비율인 데 반해 '수익률'은 투자원본에 대한 수익의 비율로 통상 만기수익률을 의미

경과이자 발행일(매출일) 또는 직전 이자지급일로부터 매매일까지 기간 동안 표면금리에 의해 발생한 이자

신용등급 신용평가사에 의해서 해당 채권에 부여된 신용등급

만기 수익률 채권수익률을 계산할 때 가장 일반적인 방법으로 해당 채권의 현금 흐름의 현재가치와 채권 가격을 일치시켜주는 할인율

세 파동이 겹치는 2023년, 다시 주목받는 버핏 투자

애널리스트가 인정하는 애널리스트

이은택

KB증권 주식투자 전략팀장

"

경기 사이클이 올라갈 때 과감히 사고
경기 사이클이 꺾이면 팔아야 한다.
경기 사이클을 읽는 눈이 필요하다.

"

2023년은 굉장히 특이한 시기다. 세 파동이 섞이는 시대이기 때문이다. 4년 주기로 오는 경기 사이클은 2023년에 바닥을 찍을 것으로 생각한다. 15~16년 주기의 자금 이동 사이클도 2023년쯤 변화가 있으리라고 본다. 마지막으로 사회 변혁, 그러니까 사회가 크게 변하는 건 50년 주기인데, 이 또한 2023년이다. 이 세 파동으로 인해 중요한 변화를 일으키리라 생각하는 것이다.

쿠즈네츠 사이클에서의 상승장과 횡보장 ◆

다음 페이지의 차트는 S&P 500 지수의 장기 차트다. 상승장과

3가지 파동

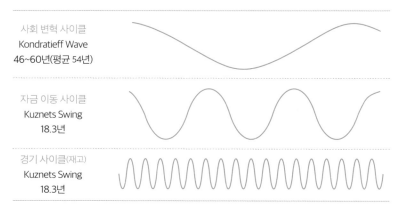

사회 변혁 사이클 Kondratieff Wave 46~60년(평균 54년)	
자금 이동 사이클 Kuznets Swing 18.3년	
경기 사이클(재고) Kuznets Swing 18.3년	

S&P 500 장기 차트

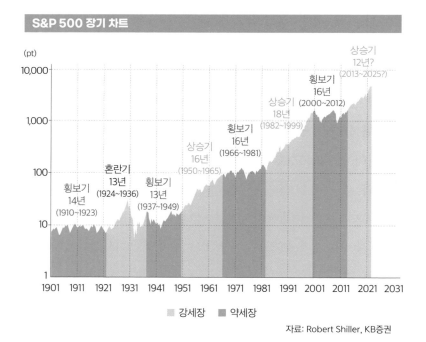

자료: Robert Shiller, KB증권

횡보장이 반복적으로 나타난다. 이 주기가 15~16년이다. 또 상
승장이 한 번 올 때마다 평균 10배 정도 오른다.

이런 상황에서 어떤 전략을 짤 수 있을까? 횡보장 때는 채권
을 사든지 은행에 넣어둔다. 상승장이 오면 주식을 사는 것이
다. 사실 S&P 500 인덱스 지수만 사더라도 거의 10배 수익이
난다. 이런 전략을 쓰기 위해서 횡보장과 상승장이 왜 나타났는
지 알아야 한다.

보통 경제가 좋으면 경제성장률이 높고 상승장이라고 생각
하고, 반대로 경제성장률이 낮으면 횡보장이라고 생각한다. 정
말 그럴까? 표를 보면 상승장 때 GDP 성장률이 평균 4.8%, 횡
보장 때 9.3%다. 횡보장에서 경제가 더 빠르게 성장하는 것이
다. 경제가 좋다고 주식을 사면 실패하는 이유가 여기 있다. 실
제로 과거에 그랬던 적이 없다.

기업 이익(EPS)은 어떨까? EPS가 가파르게 증가하는 시기에
상승장이 되고 EPS가 횡보하면 주가가 하락하나 했더니 아니

GDP 성장과 상승장·횡보장의 관계

구분	명목GDP	실질GDP	주가수익률
상승장	4.8%	3.7%	12.6%
횡보장	9.3%	4.0%	2.2%

자료: Thomson Reuters, Robert J. Shiller

EPS 성장과 상승장·횡보장의 관계

	구분	EPS 증가율	자본수익률	배당수익률	실질수익률
횡보장	1906~1924	2.5%	0.2%	5.9%	2.2%
	1937~1950	7.6%	-0.3%	5.7%	1.3%
	1966~1982	6.6%	2.1%	4.1%	-0.6%
	평균	5.6%	0.7%	5.3%	1.0%
상승장	1950~1966	4.7%	11.3%	4.3%	13.9%
	1982~2000	6.5%	14.7%	3.0%	14.6%
	평균	5.6%	13.0%	3.7%	14.2%

자료: Thomson Reuters, Robert J. Shiller

S&P 500 장기 차트와 PER

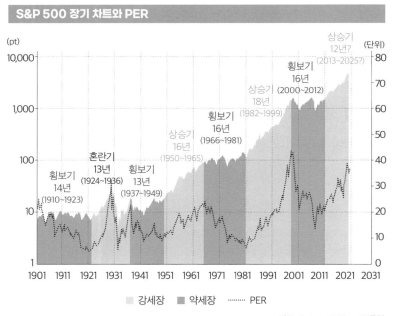

자료: Robert Shiller, KB증권

다. 횡보장이나 상승장이나 평균 기업 이익은 5.6%씩 증가하더라는 것이다.

그렇다면 상승장과 횡보장을 결정하는 것은 무엇일까? 단기적으로 경제가 좋고 기업 이익이 좋으면 주가가 오른다. 그렇지만 장기적으로는 상승장과 횡보장을 구분하지 않는다.

상승장과 횡보장을 결정하는 경제지표 ◇

15년 주기로 나타나는 상승장과 횡보장을 결정하는 것은 2가지다. 첫 번째는 실업률이고, 두 번째는 인플레이션, 즉 물가다. 바로 실물경제와 금융 경제를 결정하는 데이터다.

만약 GDP 성장률이 높으면 행복해지고 GDP 성장률이 낮으면 고통스러울까? 코로나 팬데믹으로 2020년 2분기 경제성장률은 IMF 외환위기 이후 가장 낮았다. 그렇지만 불행했냐고 물어본다면 대부분 아니라고 할 것이다. 사회적 거리두기로 힘들기는 했지만 실업 상태만 아니면 그렇게까지 고통스럽지 않았을 것이다.

반면에 경제성장률이 높아도 내가 회사를 못 다니고 내가 잘릴 위기에 처해 있다면 말이 다르다. 이런 상황이 투자에 영향을 미친다. 이런 이유로 실물 시장을 지배하는 데이터는 실업

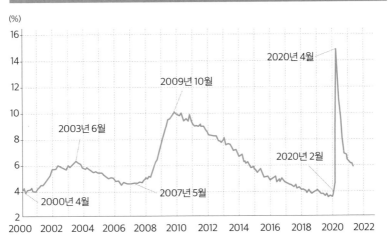

US UNEMPLOYMENT

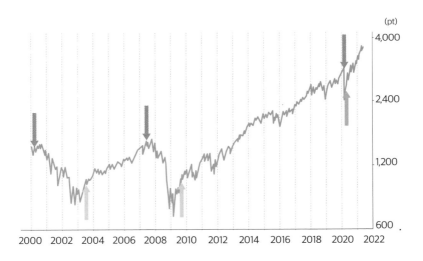

S&P 500

자료: REFINITIV, KB증권

률이라고 할 수 있다. 실업률만 가지고도 성공하는 투자가 가능하다.

쉽게 말해 실업률이 올라가기 시작하면 안 좋아지는 것이니 주식을 판다. 실업률이 꺾여 내려오면 그때부터 주식을 사는 것이다. 금융위기 때를 예로 들어보자. 금융위기가 터졌을 때 리만 브라더스가 파산하고 모기지 사태가 터졌다. 금융위기 이야기가 나왔을 때 주가에 어떤 영향을 줄지 분석하는 것은 전문가의 몫이니 우리는 실업률만 보면 된다.

실업률은 2007년 5월에 바닥을 찍고 오르기 시작했다. 실업률이 오르면 위험을 회피하기 위해 주식을 판다. 꼭지에 팔 수는 없지만 2007년 5~7월쯤 팔았으면 나쁘지 않은 성과를 거뒀을 것이다. 그럼 언제 살까? 2009년 10월쯤 실업률이 꺾여 계속 내려가고 있다. 이때 사서 계속 가지고 가는 것이다. 10년 동안 적어도 5~6배 정도 올랐을 것이다. 이렇게 실업률은 실물 시장을 지배하는 데이터다.

반면 인플레이션은 금융시장을 지배하는 데이터다. 화폐의 본질적인 가치를 결정하는 것은 인플레이션이다. 짜장면 가격이 올랐다고 생각해보자. 짜장면의 가치가 변해서 가격이 오른 것일까? 아니다. 짜장면의 가치는 똑같다. 돈의 가치가 깎이면서 짜장면 가격이 올라간 것이다. 돈의 가치는 방어가 안 되기 때문에 인플레이션이 화폐를 결정하는 금융시장의 가장 중요한 데이터인 것이다.

뉴스를 보면 절반은 지금이 바닥이라고 이야기하고, 절반은 지금보다 더 나빠진다고 이야기한다. 이 판단은 어떻게 할 수 있을까? 수많은 경제지표가 실업률에 어떤 영향을 줄지, 물가에 어떤 영향을 줄지 분석하면 훨씬 단순해진다. 적어도 투자의 타이밍을 놓치지 않을 수 있다.

투자 위험 선호도를 살펴보자면 ◇

실업률과 물가가 진짜 상승장과 횡보장을 결정하는지 미국 시장을 살펴봤다. 지난 100년간 상승장이 총 4번 있었다. 이때 공통적으로 실업률이 낮아졌는데 물가도 낮은 현상이 유지되었다. 실업률이 낮아지면 경제 호황이 발생하고 소비자가 늘어나니 물가가 오를 것으로 예상한다. 그런데 물가가 오르지 않은 것이다. 어떤 이유에서 오르지 않는지는 경제학자가 고민할 문제고 우리는 투자자이니 투자에 어떤 영향을 미치는지, 금융시장에서 어떤 의미인지가 더 중요하다.

사람들의 투자 위험 선호도를 결정하는 것이 실업률과 인플레이션이라고 말했다. 실업률이 낮아질수록, 즉 고용이 안정되어 있으면 투자의 위험을 고려하지 않게 된다. 물가가 낮으면, 즉 화폐 가치가 변하지 않아도 마찬가지다. 그러다 보니 주식시장은 거품을 만들면서 주가가 오른다. 과거 데이터를 봤을 때 실업률이 낮으면서 물가까지 낮으면 상승장이 펼쳐지는 것이다.

상승장을 유지하는 두 기둥, 고용과 물가 중 하나라도 무너지면 거품은 붕괴된다. 지금 시장이 흔들리는 이유는 인플레이션 때문이다. 인플레이션이 발생하면 위험 선호도가 꺾인다. 상승장이 끝났다는 메시지가 나오며 공포를 갖게 된다.

이렇듯 상승장이 끝났다고 이야기하는 것은 인플레이션이 일어났기 때문이다.

횡보장에서의 투자 전략

우리가 지금부터 생각해야 할 것은 무엇일까? 앞으로 횡보장으로 간다면 그에 맞는 전략을 짜야 한다. 안전 자산에 투자한다는 의견도 있지만 조금 더 수익률을 높이기 위해서는 다른 방안을 고민해볼 필요가 있다.

1970년대 다우존스 평균에서 그 답을 찾아보자. 1965년에 처음 지수가 1천 포인트를 달성한다. 이후 1천 포인트를 넘기는 것은 1983년 이후다. 17년 정도 걸린 것이다. 이 상황에서 저

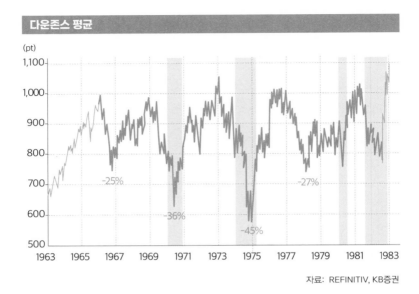

다운존스 평균

(pt)

자료: REFINITIV, KB증권

점에서 사서 고점에 파는 욕심 없이 바이앤홀드 전략으로 10년 동안 쭉 가져갈 수 있을 것이다. 하지만 샀다 팔았다 하는 전략이 필요하기도 하다.

지수는 4번 정도 오르락내리락을 반복한다. 25~45% 내렸다가도 다시 올라온다. 즉 50%가 꺾인 다음 제자리로 돌아가면 두 배 수익을 얻는다. 이를 이용하면 충분히 수익을 얻을 수 있다. 그러기 위해서는 주가가 빠질 때 현금화하는 전략이 필요하다. 이는 곧 저점에 사서 고점에 파는 것인데, 당연히 어렵다. 그럼 어떻게 해야 할까? 경기 사이클을 보면 된다.

횡보장에서는 경기 사이클과 주가의 연관성이 깊었다.

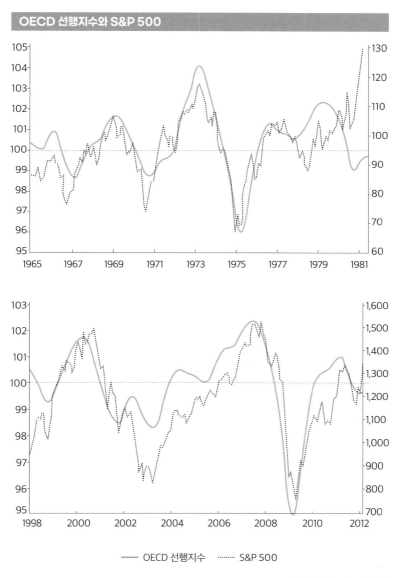

OECD 선행지수와 S&P 500

자료: REFINITIV, KB증권

OECD 선행지수와 S&P 500 지수를 비교한 그래프만 봐도 알 수 있다. 반면 상승장이 되면 경기 사이클은 무시해야 한다. 경기가 꺾인다고 테슬라 같은 주식을 중간에 팔았다가는 엄청 손해를 본다. 최근 10년 동안 바이앤홀드 전략이 유효했던 것은 상승장이었기 때문이다.

하지만 앞으로는 그렇지 않을 것이다. 이제 경기 사이클이 올라가는지 내려가는지 해석해야 한다. 경기 사이클이 올라갈 때 과감히 사야 하고, 경기 사이클이 꺾이면 팔아야 한다. 횡보하기 때문이다. 이렇듯 경기 사이클을 읽는 데 변화가 생길 것이다.

스태그플레이션에서 살펴볼 것 ◇

횡보장에서는 재무제표 공부도 필요하다. 스태그플레이션을 경제의 재앙이라고 하는데 기업 이익은 어떨까? 데이터로 확인해 보면 상승장 때보다 횡보장, 그러니까 스태그플레이션 때 기업 이익 성장률이 높다. 그런데 주가는 횡보한다.

어떻게 그럴 수 있었을까? 아이러니하게 인플레이션 때문이다. 인플레이션이 일어나면 기업은 재화 가격을 올리면서 기업 이익은 늘어난다. 즉 만약에 인플레이션이 끝난다면 이 법칙은

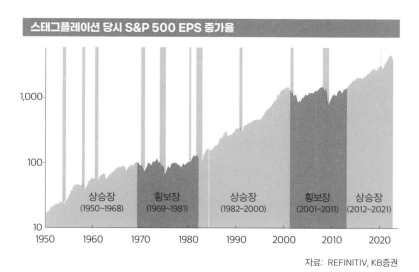

스태그플레이션 당시 S&P 500 EPS 증가율

상승장
(1950~1968)

횡보장
(1969~1981)

상승장
(1982~2000)

횡보장
(2001~2011)

상승장
(2012~2021)

자료: REFINITIV, KB증권

안 통하겠지만, 인플레이션이 장기화된다면 가격에 인플레이션
을 쉽게 전가할 수 있는 기업의 전망이 좋다는 것이다.

요즘 워런 버핏이 다시 조명받기 시작했다. 버핏이 투자한 대
표 기업 3개를 꼽자면 애플, 쉐브론, TSMC가 있다. 셋 다 시장
지배력을 가졌다는 특징이 있다. 가격을 올려도 고객 충성도가
높다는 의미다. 말하자면 인플레이션으로 가격이 오르는데 아
이폰의 새로운 모델이 나오면 구매하는 고객은 여전히 많다. 아
무것도 안 했는데 매출이 오르는 것이다.

이게 바로 버핏의 전략이다. 작은 회사여도 시장에 지배적인
영향력이 있어야 하고, 충성스러운 고객들이 있어야 하고, 그래
서 현금 흐름을 만들어내 실제 이익을 주주에게 환원할 수 있어

야 한다.

수익률 이야기를 조금 더 해보자. 기업 이익은 좋았는데 주가는 왜 내려갔을까? PER 밸류에이션이 빠졌기 때문이다. 주가는 PER×EPS다. 당기순이익(EPS)이 올랐지만 밸류에이션이 더 빨리 빠진 것이다. 그러니 당연히 횡보할 수밖에 없다.

미국 고용률이 안 꺾인다는 뉴스가 나온다. 인플레이션으로 기업이 제품 가격을 올리면 기업의 매출은 늘어난다. 기업 매출이 좋아지니 대량 해고는 일어나지 않는다. 그러니까 실업률이 잘 안 올라가고, 앞으로 올라가긴 하겠지만 쉽게 오르지 않을 것이다. 그렇기 때문에 연준도 실업률만 보고 경제 대책을 펼치면 안 된다.

한 가지 덧붙이자면 횡보장 때는 시장을 주도했던 대형주의 주가는 조금 빠지고 중소형주가 강해지는 현상이 생긴다. 장기적으로 봤을 때는 중소형주도 좋은 대안이 될 수 있다. 이런 중소형주를 사기 위해서는 탐방이 필수다.

지금까지 3가지를 이야기했다. 만약에 인플레이션이 계속된다면 첫 번째, 경기 사이클을 봐야 한다. 두 번째로 재무제표를 봐야 하고, 세 번째로 탐방도 필요하다. 일반 투자자는 재무제표 분석도, 탐방도 어렵다. 그러니 재무제표에 능통하고 탐방을 잘 다니는 전문가를 찾아낼 필요가 있다.

한국 증시의 상승장과 횡보장

지금까지 미국 증시의 상승장과 횡보장을 이야기했는데, 한국 증시도 상승장과 횡보장이 명확하다.

우리나라 코스피가 1980년대 1,100포인트를 처음 돌파했다. 1980년부터 지금까지 40년이 넘게 지나는 동안 사실 우리나라 주식은 딱 2번만 투자했으면 된다. 88올림픽 전후 1천 포인트를 처음 찍었을 때, 150포인트에서 불과 3년 반 만에 1천 포인트에 갔다. 이후 무려 15년 동안 1천 포인트 정도였다.

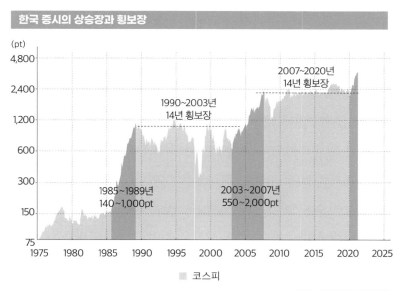

자료: REFINITIV, KB증권

두 번째 시기는 500포인트에서 2천 포인트에 간 브릭스(BRICs) 시대다. 2007년 2천 포인트를 찍고 나서 거의 15년 동안 횡보하고 있다. 한 번 3,300포인트를 넘었지만 단발성이었다. 이렇듯 우리나라도 상승장과 횡보장이 명확함을 알 수 있다. 우리는 이 기회만 잘 잡으면 된다.

그러면 이 상승장이 언제 나타날까? 많은 사람이 이야기하듯이 달러가 약세일 때 나타난다. 그러니 달러 약세 추세가 온다면 엄청난 뉴스가 되는 것이다. 역사적으로 봤을 때 우리나라에 상승장이 나타날 수도 있다.

지난 10년 동안 전 세계 금융시장의 미션은 딱 하나였다. '미국 주식 사기'다. 우리나라 국민연금부터 각종 연기금 보험사 등이 미국에 돈을 쏟아부었다. 급기야 3~4년 전에는 '서학개미 운동'이라고 해서 일반 투자자도 미국 주식에 돈을 넣기 시작했다. 이 상황에서 만약 달러 약세가 되면 어떻게 될까? 미국 주식에 돈이 남아 있지 않을 것이다.

앞서 인플레이션이 지속된다면 횡보장으로 갈 가능성이 크다고 이야기했다. 자금은 횡보장을 벗어나려는 속성을 가졌고, 이 자금이 어디로 가는지 살펴보는 것이 중요하다. 이런 상황은 2000년대와 비슷하다. 미국 시장으로 자금이 모였다가 IT 버블이 붕괴되며 아시아 신흥국으로 자금이 들어갔다. 그러니 앞으로 이 부분을 주목해야 한다.

앞으로의 주가를 예상하는 것은 어렵다. 달러가 추세적으로 약세로 갈지 어떨지 단서가 부족하다. 아마 2023년 하반기에 더 명확해질 것이다. 그러면 그때 전략을 다시 짜야 한다.

주식에서 달러는 강세가 좋을까, 약세가 좋을까? 한국 주식은 약세가 좋다. 그런데 우리나라에는 수출 기업이 많은데 달러가 강세여야 기업 이익이 높아진다. 즉 수출 기업에게는 달러가 강세여야 좋다는 것이다. 그런데 어떻게 달러 약세가 주식시장의 상승을 이끌까?

기업 이익은 상대적으로 안 좋아지지만 달러가 약세로 가면 외국인 자금이 시장에 들어오기 때문에 자금의 힘으로 주식을 끌어올린다. 달러가 약세라는 것은 누군가가 달러를 파는 것이다. 즉 달러가 다른 통화로 바뀌면서 해당 통화는 유동성이 높아진다. 1970년대에는 원자재로 몰렸고, 2000년대에는 아시아 신흥국으로 몰렸지만, 이번에는 어떻게 될지 모른다. 하지만 중요한 것은 이런 변화를 알고 있어야 한다는 것이다.

콘트라티예프 사이클 ◆

마지막으로 콘트라티예프 사이클을 살펴보겠다. 앞서 사회의 변혁이라고 말했는데, 이는 50년에 한 번씩 일어난다.

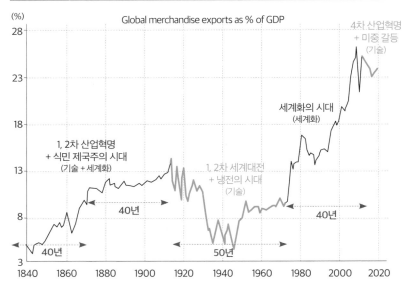

자료: REFINITIV, KB증권

도표를 보면 세계화 시대와 지역화 시대, 즉 탈세계화 시대가 나눠진다. 역사적으로 반복되고 있다. 그럼 탈세계화로 갈 때 우리는 무엇을 사야 할까?

탈세계화는 곧 공급망 재편이다. 미국은 자기만의 공급망을 짜려고 한다. 미국에 일어나는 신규 투자에서도 우리에게 기회는 많겠지만, 다른 목적도 있다. 중국을 글로벌 공급망에서 축출해내겠다는 것이다. 중국 역시 자기만의 공급망을 만들려고 한다. 13억 인구를 앞세워 소비와 생산을 자체적으로 이루려는 것이다. 다만 에너지가 부족하니 중동 외교를 강화하고 러시아를 지지하고 있다.

어쨌든 후폭풍을 생각하면 우리는 미국과 중국, 심지어 유럽까지 동시에 다발적으로 투자해야 한다. 새로운 공급망을 위해 중복해서 투자해야 하니 투자 수요가 폭발할 것이다. 물론 마냥 긍정적이지만은 않다. 오히려 비효율의 극단이라고 할 수 있다. 미국에도, 중국에도 들어가야 하니 과잉 투자로 투자 비용은 높아졌는데 생산 효율은 떨어질 것이다. 나는 이 후폭풍이 인플레이션이라는 형태로 나타난다고 생각한다.

하지만 우리에게 중요한 것은 투자다. 2023년 하반기부터는 중간재가 강세를 보일 가능성이 크다. 반면 반도체는 힘든 시기가 조금 더 남아 있을 수 있다.

2023년 우리가
주목해야 할 종목

염블리

염승환

이베스트투자증권 이사

"

비관론자는 명성은 얻지만 돈은 사실 낙관론자가 번다.
그러니 지나친 비관론에 빠지지 말자.
오늘의 아이디어를 나만의 것으로 만들어 투자의 기회를 찾아보자.

"

2022년 주식시장은 추웠다. 2023년에는 봄이 왔으면 좋겠다는 마음으로 2023년 증시 전망을 해보도록 하겠다. 그런 다음 투자 방법과 종목을 이야기하려고 한다.

2023년 전망 체크 포인트

물가상승률이 4%에서 9%로 올랐고, 금리도 1%에서 4%로 올라 거의 5%로 향해 가고 있다. 기업 이익은 감소했고 이는 경기 둔화로 이어지려고 한다. 조금 더 세부적으로 알아보자.

미국 물가의 고질병이 주거비다. 주거비는 보통 주택 가격에 1년 후행하는데, 이를 봤을 때 2023년 2월부터 주거비가 꺾일 것으로 예상한다. 주거비가 소비자물가지수에서 차지하는 비중이 크기 때문에 주거비가 꺾이면 고물가가 좀 꺾인다고 예상할 수 있다.

2022년 대비 2023년 유가 상승률은 마이너스일 것이다. 역기저 효과로 2023년 에너지 가격은 꺾일 수밖에 없다. ISM 제조업물가지수를 봐도 알 수 있다. ISM 제조업물가지수는 미국 소비자물가지수(CPI)를 6개월 선행하는데, 이를 따라서 꺾일 가능성이 높아졌다. 미 연준이 예상하는 최종 금리는 5%이고 얼마 남지 않았다. 시장이 충격을 받을 일은 그렇게 높지 않다.

달러를 결정하는 요인은 많지만 2023년에는 안정되리라 예상된다. 달러는 사실상 고점을 찍었다고 본다.

이창용 한국은행 총재는 "너무 비관적으로 생각할 필요 없다."라고 하면서 "한국 경제는 반도체가 중요하고, 반도체는 하반기에 회복"할 것으로 예상했다. 경제 측면에서는 2023년 상반기까지는 고생해야 할 듯하다.

정부 정책도 중요하다. 지금은 소비가 중요한 시대가 아니다. 정부 정책에 따라 정부자금이 어떻게 움직일지 보는 것이 중요하다. 2024년은 선거의 해다. 우리나라에는 국회의원 선거, 미국에는 대선이 있다. 역사적으로 국회의원 선거 직전 연도에 코스피는 항상 올랐다. 이 시기에는 경제 우호적인 정책이 많이 나오기 때문이다.

달러 결정 요인

유로화	유지	에너지 가격 안정, 전기요금 안정, 소비 회복
엔화	유지	저물가 탈피, 엔달러 150엔 이상 상승 저지 정책
미국 통화정책	금리 인하	물가 안정, 긴축 완화
	고용악화	기업 구인 수요 감소, 경기 둔화
중국 경기	상승	제로 코로나 해제, 부동산 부양, 인프라 투자, 소비 촉진, 통화정책 완화 기조 지속

각국 정부 주요 정책

한국	반도체 등 핵심산업 지원, 법인세 인하
미국	인플레이션 감축법, 반도체와 과학법
EU	REPowerEU, 반도체 지원법, 원자재법
중국	제로 코로나 폐지, 부동산 부양, 동수서산

2020년 코로나 위기에 돈을 풀었고 2021년에는 실적이 좋았다. 2022년이 되면서 물가가 올라 금리를 인상했고 푼 돈을 거둬들이며 역금융 장세에 빠졌다. 지금은 역실적 장세다. 기업 실적이 악화되고 경기가 침체될 것이다. 이 역실적 장세가 끝나면 금융 장세가 시작될 것이다.

금융 장세일 때는 기업의 실적이 안 좋다. 그렇지만 주식시장은 올라간다. 2023년에는 이런 금융 장세가 펼쳐질 가능성이 있다. 우리나라는 시장 선행성이 빠르다. 주가가 먼저 떨어지고

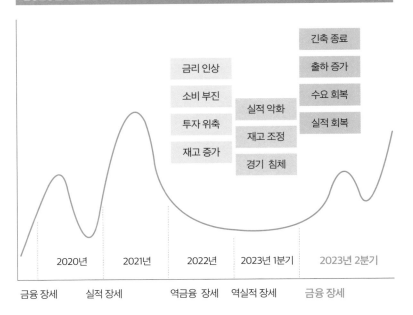

2023년 금융 장세의 시작

| 금리 인상 |
| 소비 부진 |
| 투자 위축 |
| 재고 증가 |

| 실적 악화 |
| 재고 조정 |
| 경기 침체 |

| 긴축 종료 |
| 출하 증가 |
| 수요 회복 |
| 실적 회복 |

| 2020년 | 2021년 | 2022년 | 2023년 1분기 | 2023년 2분기 |

금융 장세　　실적 장세　　역금융 장세　역실적 장세　　금융 장세

이익이 떨어진다. 그래서 이익이 떨어지는데 주가가 오르기도 한다. 우리나라 주식시장의 특징이다.

2023년은 경기 침체가 온다. 아니, 이미 오고 있다. 그런데 아이러니하게도 경기 침체가 발생한 해에 코스피는 모두 상승했다. 2022년 주식시장이 30% 빠진 것은 경기 침체가 오기 전에 다 빠진 상황이라고 할 수 있다.

2023년 투자 전략

코스피 주가순자산비율(PBR) 1배가 2,600포인트다. 최근 코스피 PBR이 0.9배이고, 코스피 PBR 바닥이 0.8배다. 보통 0.8배에서 1.2배를 왔다 갔다 하기에 0.9배, 0.8배일 때 주식 투자를 해야 한다. 그런데 대부분 두려움에 하지 못한다.

아래 도표는 하워드 막스의 책 『투자와 마켓 사이클의 법칙』을 참고해서 그린 것이다. 많은 사람은 2,600포인트가 넘어갈 때, 그러니까 희망, 낙관일 때 주식을 산다. 3천 포인트로 가면 흥분 상태로 대부분 주식을 사게 되어 있다. 언론에서도, 주변

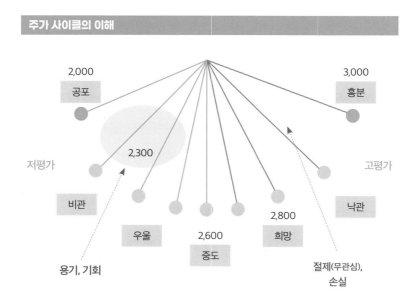

주가 사이클의 이해

에서도 시장이 너무 좋으니 당장 투자해야 한다는 이야기가 나온다. 그런데 지금은 주변에 주식하라는 사람이 없다. 빨리 탈출해라, 현금화해라, 도망가라, 이런 이야기밖에 없다.

지금은 비관과 공포가 작용하는 구간인데, 이럴 때는 기회를 잃을 가능성이 높다. 그래서 용기를 내야 할 때다. 반대로 2,800~2,900포인트 갈 때 조금 무관심해질 필요가 있다. 너무 두려워하지 말자.

주식은 사두면 오른다?

주식은 장기 투자해야 한다는 이야기를 많이 한다. 하지만 한국에서는 적절하게 사고팔고를 해야 한다. 한국과 미국은 다르기 때문이다. 미국은 주주 가치가 우선이기 때문에 CEO의 운명이 주가에 달려 있다. 그런데 우리나라는 다르다. 지배 구조가 취약하고 시장 자체가 주주 가치를 우선하지 않는다. 그런 배경 때문에 1992년 이후 코스피는 291%, S&P 500은 845%가 오른 것이다.

2007~2008년 이후 우리나라 주도주는 변화해왔다. 차화정(자동차·화학·정유), 그다음 화장품, 그다음 바이오, 그다음 소프트웨어로 이어졌다. 다음으로 떠오르는 게 태조이방원(태양광·조

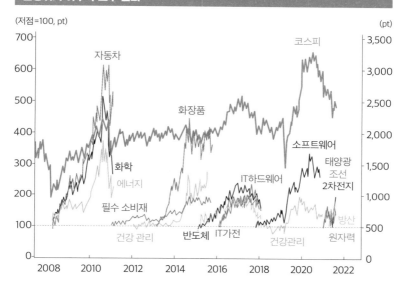

(저점=100, pt)

코스피

자동차

화장품

소프트웨어

태양광
조선
2차전지

화학

에너지

IT하드웨어

필수 소비재

방산

건강 관리

반도체   IT가전

건강관리

원자력

2008   2010   2012   2014   2016   2018   2020   2022

자료: Wisefn

선·2차전지·방산·원자력)이다.

여기서 이야기하고 싶은 메시지는 우리나라 주식은 사두면 오르는 게 아니라는 것이다. 사두고 트렌드를 파악해야 한다. 어떤 업종이 올해를 주도할지를 간파하는 것이다. 그래서 개인적으로 산업 공부를 열심히 해야 한다고 말하고 싶다.

또 이전 사이클의 주도주 투자는 피하는 게 좋다. 이미 많이 오른 상태이기도 하고 몇 년 안에 다시 주도주가 되기는 쉽지 않다. 강조하지만 영원한 상승은 없으므로 적절하게 사고팔 필요가 있다.

탈세계화 시대 투자 전략　　◆

탈세계화 시대로 공급망이 재편된다. 저렴한 중국산 제품의 유통을 제한하고 비싸도 미국에 공장을 지으라고 한다. 당연히 비용이 많이 들고 인건비가 비싼데 미국은 이것을 보전해주겠다고 한다. 이는 대만과 일본, 제조업 국가인 한국에게 기회일 수 있다. 다만 중국이라는 시장이 잃을 수 있어 걱정이다. 중국은 러시아와 중동 국가를, 미국은 대만, 한국, 유럽, 인도 중심으로 가려고 한다. 이 구도를 반드시 이해해야 한다.

탈 세계화 시대, 재편되는 공급망

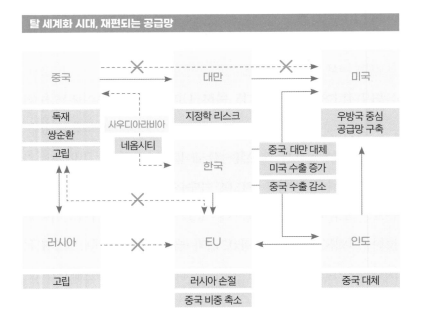

미국 제조업 리쇼어링도 중요하다. 미국 산업 제조 시장 전반에 걸친 구조적이고 장기적인 순풍이 불고 있다. 향후 5년간 무역으로 거래되던 최대 4.5조 달러 제품의 생산이 소비지역으로 이동한다. 이렇게 제조업 육성을 통해 향후 10년간 GDP 15% 이상 증가, 150만 개 일자리를 창출하겠다고 한다. 제조업을 보다 지속 가능하고 디지털화하고 숙련되고 탄력적으로 만드는 것이다.

투자할 때는 큰 줄기를 그려야 한다. 2023년에는 리쇼어링이다. 투자 아이디어 도표에서 줄기 오른쪽은 산업이다. 왼쪽은

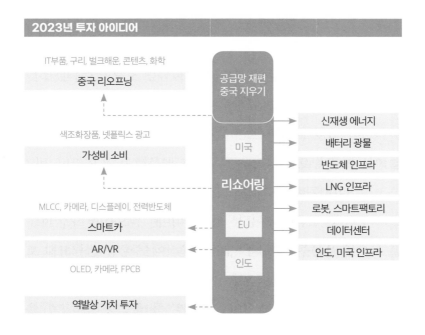

포트폴리오를 구성할 때 관심을 가져볼 만한 키워드다. 이런 식으로 투자 아이디어를 정리해보자. 포트폴리오 비중은 리쇼어링 60%, 스마트카 10%, 중국 회복 10%, 역발상 20% 정도로 구성할 수 있을 것이다.

물론 이것이 정답은 아니다. 공부를 하고 나만의 것으로 만들어 나만의 포트폴리오를 구성할 필요가 있다.

뛰어난 투자자 되기

종목을 이야기하기 전에 나는 어떤 투자자가 되면 좋을까 고민해보자. 손흥민 선수는 정말 위대한 선수다. 기본기가 뛰어나고 필살기도 있다. 매일같이 루틴을 통해 단련한 것이다. 주식 투자도 똑같다. 주식으로 성공하고 싶으면 기본기가 먼저다. 투자의 본질은 '싸게 사서 비싸게 파는 것'이다. 그런데 많은 사람이 호재로 주가가 비쌀 때 사서 투자에 실패한다.

성공 투자를 위해서는 지금은 싸지만 나중에 비싸질 기업을 찾아야 한다. 일단 주식을 싸게 사야 하고, 그러려면 적정 가치를 알아야 하고, 그다음에 나머지 투자 수익을 반영한 미래 적정 가치를 알아야 한다. 이를 위해서는 이 기업이 얼마만큼 돈을 벌지 이걸 꿰뚫어 보는 통찰력이 필요하다.

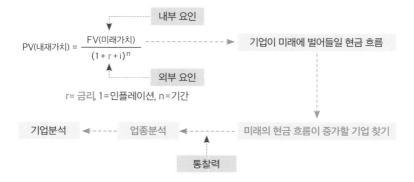

미래의 현금 흐름

$$PV(내재가치) = \frac{FV(미래가치)}{(1+r+i)^n}$$

내부 요인

기업이 미래에 벌어들일 현금 흐름

외부 요인

r= 금리, 1=인플레이션, n=기간

기업분석 ◄----- 업종분석 ◄----- 미래의 현금 흐름이 증가할 기업 찾기

통찰력

미래의 현금 흐름이 증가할 기업을 어떻게 찾을 수 있을까? 우리나라는 애플도, 구글도 없기 때문에 중간재 기업을 찾아야 한다. 어떤 업종이 좋으냐를 캐치해야 하는 것이다. 그래서 업종 공부가 필요하다. 그런데 기업 분석 같은 기본기는 하기 싫고 투자는 해야 할 것 같으니 주식 리딩방에 들어가서 휘둘린다.

기업과 산업을 분석해서 B2B기업에 납품하는 중간 소비재 기업에 투자할까, 애플 같은 소비재 기업에 투자할까, 중국 회복 관련 주를 찾을까 등을 결정하는 게 통찰력이다. 통찰력 훈련을 위해서 신문과 증권사 산업보고서를 읽는 게 도움이 된다.

앙드레 코스톨라니는 "기자처럼 정보를 모으고 의사처럼 분석해서 진단하자."라고 했다. 신문은 이를 위한 좋은 공부다. 나는 종이 신문을 구독한다. 지면에 그날 중요한 기사를 다 추려

주식 투자의 기본기와 통찰력

업종분석	시간 3년	통찰력	사이클
기업(산업)분석		B2B	
재무제표		B2C	
투자지표		리쇼어링	
신문/보고서		중국 회복	
중앙은행		가성비 소비	
인내심		LNG	

놓기 때문이다. 모든 기사를 읽을 필요는 없다. 그중 내가 필요한 것만 골라서 읽으면 된다.

신문을 매일 보겠다든가, 전자공시 시스템(DART)에 들어가서 사업보고서를 하나씩 보겠다든가 하는 훈련을 꾸준히 했으면 좋겠다. 이 훈련을 루틴으로 만드는 것이 성공으로 가는 사다리가 될 수 있다.

앞에서도 말했지만 투자의 본질은 '싸게 사서 비싸게 파는 것'이다. 싸게 사기 위해서는 가치분석을 하고 저평가 사이클에서 용기를 내야 한다. 공포에 사서 때를 기다리면 된다. 이 '때'를 알기 위해서 공부를 하고 시간을 들여야 한다. 그리고 반드시 스스로 해야 한다.

여기에서 종목을 소개하지만 더 중요한 것은 공부다. 이해하지 않고 투자하면 결국 제자리로 돌아올 뿐이다. 간단하게 포인트만 짚고 넘어가보자.

배터리 광물의 'POSCO홀딩스'

업종	철강
시가총액	24조 원
영업이익(22F)	6.2조 원
PER(22F)	5.53
PBR(22F)	0.42
ROE(22F)	8.47%

포스코홀딩스는 불황에도 최소 2조 원 이상의 철강 이익이 있다. 분기별 1.5% 배당을 준다. 상사, 에너지, 2차전지 소재 등 자회사가 성장하고 있으며, 배터리 핵심 광물인 리튬·니켈 정제 사업이 고성장을 이어가고 있다.

마지막으로 가격을 체크해보자. 개인적으로 PBR 지표를 많이 보는 편인데 적정 PBR을 0.5로 본다. 포스코홀딩스는 0.42배로 지금도 굉장히 저평가되어 있다.

신재생에너지 '한화솔루션'

업종	화학
시가총액	9조 원
영업이익(22F)	1.1조 원
PER(22F)	13.44배
PBR(22F)	1배
ROE(22F)	7.82%

이제 태양광 사업에 주목해야 한다. 미국의 인플레이션 감축법(IRA) 혜택뿐만 아니라 리파워EU(REPowerEU)를 계기로 한 유럽 시장도 기대할 만하다.

또한 글로벌 태양광 생산 능력 및 수요 점유율에서 중국이 차지하는 비율이 높은데, 미국 입장에서는 이를 대체하고 싶어하면서 공급망 재편이 펼쳐질 가능성이 높다. 차세대 태양광 기술 탠덤셀도 주목할 요소다.

다만 비중을 확대하려면 PBR 등 지표를 살펴보고 결정하도록 하자.

반도체 인프라 투자 '한양이엔지'

업종	반도체 장비
시가총액	2,646억 원
영업이익(22F)	759억 원
PER(22F)	3.89배
PBR(22F)	0.55배
ROE(22F)	14.5%

　그다음은 한양이엔지다. 미국과 유럽에서 반도체 리쇼어링으로 인해 중국 공장이 빠지고 대체할 공장을 지어야 한다. 정부 역시 반도체 초강대국 달성 전략을 세웠다. 업황과 무관한 설비투자 확대 수혜를 얻을 수 있다.

　지금은 소형주이지만 밸류에이션이 낮게 평가되어 있다. 지금 역사적 저평가 구간이라 비중을 확대해도 좋을 듯하다.

반도체 핵심 기술 '한미반도체'

업종	반도체 장비
시가총액	1.2조 원
영업이익(22F)	1,237억 원
PER(22F)	12.03배
PBR(22F)	3.15배
ROE(22F)	28.4%

반도체 후공정 일괄 처리 장비 세계 1위 기업 한미반도체다. 반도체 패키지 절단 장비 국산화에 성공했고, HBM(칩렛) 필수 패키지인 열 압착 본딩 장비, EMI Shield(전자기파 차폐) 장비 저 궤도 위성통신 등 첨단 기술을 보유한 기업이다.

그리고 주주 환원에 진심이다. 매년 자사주를 매입하고 소각한다. 다만 밸류에이션이 높은데 주가가 오른 상태이니 눈여겨보도록 하자.

반도체 부품 'ISC'

업종	반도체 부품
시가총액	5,800억 원
영업이익(22F)	684억 원
PER(22F)	10.72배
PBR(22F)	1.97배
ROE(22F)	21.71%

ISC는 반도체 불량품인지 아닌지 테스트하는 소켓을 만드는 기업이다. 4차 산업혁명과 함께 고사양 반도체의 수요가 증가하고 있고, 반도체 종류도 많아지고 있다. 반도체가 다양할수록 반도체를 최종 검사할 테스트 소켓 수요는 구조적으로 증가할 수밖에 없다.

그래서 ISC도 앞으로 경쟁력이 있지 않을까 본다. 현재 주가는 조금 오른 상태지만 기다리면 분명 기회를 줄 것이다. 기업을 더 공부해서 자신의 것으로 만든 다음 투자해보자.

역발상의 'DL이앤씨'

업종	건설
시가총액	1.6조 원
영업이익(22F)	5,379억 원
PER(22F)	3.48배
PBR(22F)	0.37배
ROE(22F)	10.5%

마지막으로 역발상을 해보자. 요즘 건설주 투자는 위험하다. DL이앤씨는 사업 구조에서 주택 비중이 높다. 그리고 하이엔드 아파트 브랜드로 아크로의 가치가 크다. 그런데 PF* 채무가 0이다. 건설업 불황에 살아남을 체력을 보유한 회사이기에 역발상 기업으로 주목해볼 만하다.

---

* 부동산 PF(Project Financing)는 기업의 신용과 담보에 기초해 자금을 조달하는 기존의 기업금융과 달리 기업과 법적으로 독립된 부동산 개발 프로젝트로부터 발생하는 미래 현금 흐름을 상환 재원으로 자금을 조달하는 방식이다.

◆ 앞으로 10년을 이끌 불변의 입지

◆ 2023년 부동산 전망 및 유형별 투자 전략

◆ 정부 정책에 따른 재건축·재개발 투자 전략

◆ 강남 아파트를 손에 쥘 수 있는 2023년 경매시장

2023
대한민국
재테크 트렌드

3장

가치를 높이는
부동산 투자 전략

앞으로 10년을 이끌
불변의 입지

부스트라다무스
이상우

인베이드투자자문 대표

"

'불변'이라는 키워드가 거대하게 느껴지지만
이는 곧 앞으로 10년 동안 살고 싶은 곳을
찾아내는 것이다.

"

'불변'이라는 키워드가 거대하게 느껴지지만 10년 정도 보유해도 되겠다 싶은 곳들을 이야기하려고 한다. 단타 투자에 대한 생각은 조금 내려놓고 함께 알아보자.

2023년은 갈아타기의 시장 ◆

청약이 나와도 사람들의 고민은 많다. "넣어도 될까요?" "계약해도 될까요?" 이런 질문을 하는 99%는 집을 한 번도 안 사본 사람들이다. 인생에 처음으로 청약을 넣어서 됐는데, 이제 되니까 더 걱정이다. 이런 고민을 하는 사람들은 계약을 안 할 가능성도 높다. 평생을 기다려온 청약이었음에도 불구하고 말이다.

많이 오를 지역(고수익)을 선택해야 할지 원래 인기 지역(저위험)을 선택해야 할지 헷갈린다. 이전 같으면 어디든지 피(P)를 받고 판다는 생각으로 접근하면 됐는데, 2022년에 들어오면서 거의 모든 청약이 피를 받고 팔 수 있을까 의문이 드는 정도의 분양가였다.

나부터가 헷갈리는데 이걸 누가 사줄까 하는 생각이 들면 당연히 청약을 안 받는다. 이 흐름은 바뀌기 매우 어렵다. 분양가가 내려갈 가능성은 없으니까 말이다. 지난 정부에서 사람들이 원했던 게 분양가 상한제 폐지였다. 분양가 상한제가 폐지되면 분양가는 더 오르고, 그러면 분양 시장에 점점 사람들이 매력을 덜 느끼게 될 것이다.

원래 인기 지역으로 가고 싶었던 1주택자 또는 무주택자는 굳이 2023년을 기다릴 필요는 없을 것 같고, 상급지로 갈아타기를 하면 된다.

KB국민은행 전국 아파트 매매가격 상승률을 보면 수도권은 대부분 내려갔다. 다만 2022년 12월 기준으로 용산, 종로, 서초구는 조금이라도 올랐다. 다른 지역이 밀린 걸 생각하면 더 커 보인다. 상급지라고 하는 지역의 가격은 그나마 오르고 나머지 지역은 대부분 가격이 조정되었다.

투자자라면 많이 조정받은 지역에 우선 눈이 간다. 합리적인 결정이다. 조정을 받은 만큼 전고점 가격이 눈에 보이기 때문에

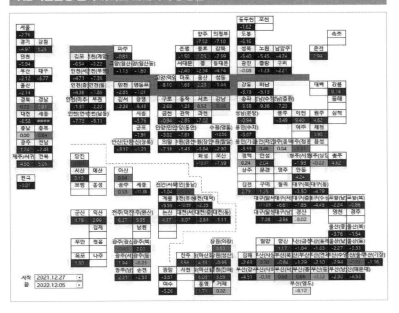

KB국민은행 전국 아파트 매매가격 상승률

서울

용산	종로	서초
+2.28%	+1.05%	+0.52%

도봉	송파	노원
-6.16%	-5.58%	-5.45%

수도권

수원(영통)	화산	성남(수정)
-12.56%	-10.07%	-9.36%

'저 정도까지는 기대할 수 있겠다' 하고 접근할 수 있지만, 신고
가로 접근하면 무서워서 못 산다. 가격이 어디까지 갈지 상상이
안 되니까 말이다. 그러니 가격은 조정받았고 조정대상지역에

서 해제된 지역을 가장 눈여겨볼 것이다.

인기 지역에서도 움직임이 엇비슷하면 그 안에서도 우열이 나뉜다. 문제는 인기 지역의 전세가가 상대적으로 강해야 하는데 최근 전세 가격 상승률은 대부분 마이너스다. 하락 폭이 매매가격보다 크다.

특히 수도권에서도 주거지로서 상당히 인기 있는 지역들이 많이 빠졌다. 광명, 고양 덕양, 수원 영통의 가격 하락 폭은 −13%다.

전셋값이 확 밀렸고 매매값도 거기에 덩달아서 하락한 지역들이 있다. 이런 상황이 왜 벌어졌을까? 금리 인상도 하나의 원인이고, 이주 물량의 문제도 있다. 이런 흐름에서 2023년에 투자자들의 마음은 복잡해진다. 매매가가 조정받은 지역에 들어가야 하는지, 전셋값이 안 밀릴 지역에 들어가야 하는지 고민하게 될 것이다. 2023년도 큰 흐름의 핵심은 갈아타기 장이다.

지난 몇 년간 원래부터 호재가 없던 곳인데 갭만 작았던 곳, 호재가 실현된 곳으로 자금 수요가 몰렸다. 보통 수도권, 서울 노도강(노원구·도봉구·강북구) 정도였다. 그저 규제가 없다는 이유만으로 산 사람들도 많았다. 그래서 빨리 정리하고 갈아타고 싶을 텐데 시장에서 거래가 될 리 없다. 인기가 덜한 물건을 장기로 끌고 가는 수요, 결국 다주택자가 등장해야 하는 상황이 온 것이다.

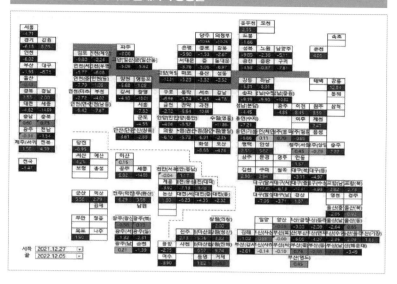

KB국민은행 전국 아파트 전세가격 상승률

시작 2021.12.27
끝 2022.12.05

서울

성북	송파	동대문
-9.85%	-9.19%	-6.97%

서초	강남	용산
-5.48%	-4.78%	-3.82%

수도권

광명	고양(덕양)	수원(영통)
-13.01%	-12.31%	-11.86%

매도 결정을 내릴 수 있을까?

| 원래부터
호재는 없었던 곳
(갭만 작음) | 호재가
실현된 곳 | 호재가
아직 남은 곳 | 원래부터
인기 있는 지역 | 토지거래
허가제
적용 중인 지역 |

팔고 옮긴다

과거에 비해 현금이 더 많이 필요

등록주택 임대사업자 개편방안이 발표되고, 규제지역이 완화되고 LTV 규제도 완화되었다. 갈아타기가 가능하겠다 하는 마음을 들게 만들었지만 방법은 제공을 안 해줬던 게 2022년 10월까지의 상황이었다면 11월에는 정해진 것이다. 그래서 11월에 잠실에 아파트를 산 사람들이 많아졌는데 실거래가가 직전고점 대비 6억~7억 원이 빠지면서 거래되고 있다.

바닥에서 거래가 없던 것이 거래가 찍히고 있다. 지금은 거래량이 나오는 게 중요하다. 2022년에 거래가 너무 없었기 때문에 거래가 나오는 상황에서 위로 갈 거냐 아래로 갈 거냐의 변곡점을 체크하는 포인트다. 결국은 상급지로 가고 싶다는 생각이 매우 강해지고 있는데 아주 약하게 해법을 준 것이다.

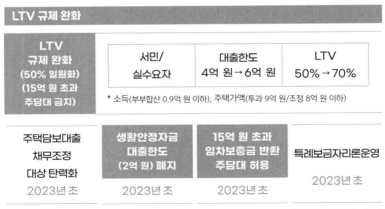

LTV 규제 완화			
LTV 규제 완화 (50% 일원화) (15억 원 초과 주담대 금지)	서민/ 실수요자	대출한도 4억 원→6억 원	LTV 50%→70%
	* 소득(부부합산 0.9억 원 이하), 주택가액(투과 9억 원/조정 8억 원 이하)		

주택담보대출 채무조정 대상 탄력화 2023년 초	생활안정자금 대출한도 (2억 원) 폐지 2023년 초	15억 원 초과 임차보증금 반환 주담대 허용 2023년 초	특례보금자리론운영 2023년 초

* 주택 가격(6억 원 이하)/
소득요건 확대 운영

LTV 규제 완화와 15억 원 초과 대출이 나오는 순간이 중요한 시점이다. 특히 상급지로 이동해 조금 저렴해진 가격에 사고 싶은 사람들에게는 사실 매우 좋은 기회다.

15억 원 초과되는 임차보증금 반환금 주담대가 허용된다는 점도 매우 중요하다. 이제 임대인 입장에서 낮은 가격에 전세를 내놓으려고 하지 않는다. 대출이 나오지 않는다면 최저가로 내놔야겠지만 대출이 나오면 이자 비용을 6~9개월 내면서 자신이 원하는 시점으로 끌고 갈 수 있게 되었다. 지금 당장 비용을 부담하지만 전세 시장도 안정될 수 있는 여지가 생겼다.

투자금이 커졌다 ◆

2020년 정도에 입주해 2년 실거주를 채웠다면 양도세 부담이 없어 가볍게 팔 수 있는 사람이 많다. 심지어 조정받은 금액에 팔아도 초기에 가지고 있던 현금보다 많은 현금이 생긴다. 그러다 보니 상급지로 옮기고 싶은 마음이 생긴다. 심지어 다주택자조차도 양도 차익이 크니까 한 양도세를 내고 파는 사람들도 있다.

강남에 위치한 아파트도 보자. 잠실동 잠실엘스는 일반 분양이 없었고 입주 때 매매가를 보면 8억 원이었다. 11억 원에 사

15억 원 대출 규제 해제 후 갈아타기

김포한강 메트로자이 2단지 34평

2017	2020	2021	2022	양도세
분양가 4.1억 원	매매가 6억 원	매매가 9.5억 원	매도호가 7.5억 원	— 1
	입주	최고가	최저가	0.3억 원 다
	주택담보대출 2억 원 (LTV=50%)			매도 후 현금 4.6억~5.5억 원

안산 그랑시티자이2차 34평

2017	2020	2021	2022	양도세
분양가 4.8억 원	매매가 6.2억 원	매매가 8.5억 원	매도호가 7.5억 원	— 1
	입주	최고가	최저가	0.5억 원 다
	주택담보대출 2.4억 원 (LTV=50%)			매도 후 현금 4.3억~4.8억 원

아현동 마포래미안 푸르지오 34평

2012	2014	2016	2021	2022	양도세
분양가 7억 원	매매가 7.9억 원	매매가 7.5억 원	매매가 19.5억 원	매도호가 16.6억 원	0.3억 원 1
	입주	매수	최고가	최저가	2.9억 원 다
	주택담보대출 3.6억 원 (LTV=50%)				매도 후 현금 6.2억~8.8억 원

신길동 보라매SK뷰 34평

2017	2020	2021	2022	양도세
분양가 6.9억 원	매매가 13.7억 원	매도호가 17.2억 원	매도호가 13.5억 원	0.03억 원 1
	입주	최고가	최저가	2.1억 원 다
	주택담보대출 5.5억 원 (LTV=50%)			매도 후 현금 7.9억~9.9억 원

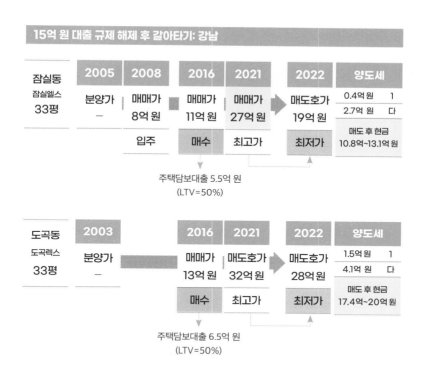

15억 원 대출 규제 해제 후 갈아타기: 강남

잠실동 잠실엘스 33평	2005	2008	2016	2021	2022	양도세	
	분양가 –	매매가 8억 원	매매가 11억 원	매매가 27억 원	매도호가 19억 원	0.4억 원	1
						2.7억 원	다
		입주	매수	최고가	최저가	매도 후 현금 10.8억~13.1억 원	

주택담보대출 5.5억 원
(LTV=50%)

도곡동 도곡렉스 33평	2003		2016	2021	2022	양도세	
	분양가 –		매매가 13억 원	매도호가 32억 원	매도호가 28억 원	1.5억 원	1
						4.1억 원	다
			매수	최고가	최저가	매도 후 현금 17.4억~20억 원	

주택담보대출 6.5억 원
(LTV=50%)

서 19억 원에 매도하면 1주택자는 실거주를 오래 해서 양도세
가 거의 없을 것이다. 실제 손에 쥐어지는 현금은 담보대출을
절반 받아서 5억 원으로 들어간 사람조차 8억 원이 더 생긴다.

　이런 경험을 했다면 무슨 생각이 들까? 물론 전부 해당되는
것은 아니지만 당연히 강남에 가야겠다고 생각할 것이다.

　대부분이 하급지를 팔아서 상급지와 대평 평수로 갈아타려
고 하지만 문제는 물량이 별로 없다는 것이다. 대형 평수는 조
정도 별로 받지 않았다. 그러다 보니 하급지 매물만 왕창 빠지

갈아타기 시나리오

보유 주택 매도 가격 (억 원)	기대 손실 (?)	매도후 현금 (초기 투자금)	대출 가능 기준 매수 주택 가격			눈높이 매수 대상	필요 금액	보유 현금	담보 대출 (월 상환)(백만 원)	전세 가격 (갭)
			LTV 30%	LTV 40%	LTV 50%					
8	-1.5	5 (2.0)	7.1	8.3	10.0	13.0	+8.0	2.8	40.0% 5.2 (323)	6 (7)
13	-3.0	8 (3.5)	11.4	13.3	16.0	19.0	+11.0	4.3	35.3% 6.7 (416)	9 (10)
19	-8.0	12 (4.0)	17.1	20.0	24.0	28.0	+16.0	5.0	39.4% 11.0 (684)	13 (15)
24	-3.0	15 (4.0)	21.4	25.0	30.0	34.0	+19.0	5.0	41.1% 14.0 (870)	15 (19)
28	-4.0	18 (6.5)	25.7	30.0	36.0	40.0	+22.0	7.0	37.5% 1.0 (932)	17 (23)

* 7%/연, 40년 상환 가정

고 상급지는 덜 빠지는 현상이 일어나는 것이다. 2023년 시장에 어떻게 적응할지, 갈아타기 움직임에 사람들이 어디까지 갈지 갈아타기 시나리오 표로 정리해봤다.

지금 시장에서 제일 많이 보이는 19억~20억 원짜리 거래들을 누가 사고 있느냐 볼 수 있다. 보유 주택 가격에 따라 이후 가고 싶은 매수 대상은 얼마일지 계산해보았다. 13억 원 주택에서 19억 원으로 갈아타려고 하면 먼저 13억 원 주택이 팔려야 한다. 13억 원 주택이 팔리려면 8억 원짜리 집이 팔려야 한다. 연쇄적이다.

13억 원짜리 집에서 19억 원짜리로 가려는 사람에게 지금 주어지는 현금은 약 8억 원 정도다. 기존 집에 있는 대출이 있는데 어떻게 사냐는 의문도 생긴다. 하지만 현금이 4억 원 정도 있다면 대출을 35% 정도 받아서 한 달에 400만 원 원리금 상환을하며 사는 것이다. 이제 바로 사자의 심장을 가진 사람들이 움직이는 길이다.

시장에서의 시그널 ◇

시장의 시그널은 무엇일까? 언론에서는 은마아파트를 말한다.나는 잠실에서 시그널이 드러난다고 생각한다. 토지거래허가지역임에도 거래가 된다는 것이 특징이다. 갭 투자도 안 되고실거주하는 사람들이 사고 있다는 특징이 드러나는 것이다.

2023년에서 매도자와 매수자가 고민해볼 것을 정리한 다음페이지 도표를 보자.

먼저 매도자 측 이슈를 보겠다. 아마 전세 때문에 팔고 싶은사람들도 있을 것이다. 특히 매매가격이 싼 지역은 더욱 그럴것이다. 매매가격이 3억~4억 원 하는데 역전세가 일어나면 팔아서 해결할 수밖에 없다. 전세가가 하락할 때 매도가 안 되면매도자들이 원하는 방법 중 하나는 그냥 스스로 전세를 살며 파는 주인전세. 주인이 집을 팔면서 동시에 세입자가 돼서 다시

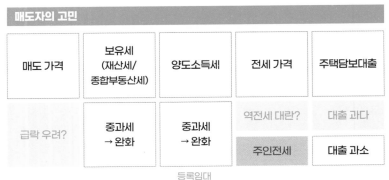

매도자의 고민

매도 가격	보유세 (재산세/종합부동산세)	양도소득세	전세 가격	주택담보대출
급락 우려?	중과세 → 완화	중과세 → 완화	역전세 대란? / 주인전세	대출 과다 / 대출 과소

등록임대 주택사업자?

매수자의 고민

취득세	주택담보대출	전세 가격	여유 자금
중과세 → 완화?	고금리? / 가능(15억 원 초과 LTV=50%)	역전세대란? / 주인전세	고금리?

정기예금?

들어가 사는 방식이다. 현재는 이런 상황이 꽤 보이는데 거래가 돌기 시작하면 사라질 것이다.

주택담보대출의 경우 주택 가격에 따라 다르다. 70~80%까지 대출을 받은 사람들은 집이 저렴할 것이고, 비싼 주택에서는 LTV를 높게 가지기 어렵기 때문에 이자 부담으로 팔아야 하는 상황은 그렇게 많지 않다.

매수자 쪽도 보자. 취득세 이슈가 화두고 전세가 문제도 있다. 전세가가 앞으로 어떻게 될지, 매수자 입장에서는 여기서 전세가가 더 빠질까봐 걱정하고 있다. 지금 월세와 전세가 불일치하는 경향이 심한데, 이는 급등한 금리 때문이다. 금리가 어느 정도 안정되면 전세와 월세의 격차는 줄어들 것이다.

또 특징적인 것은 여유 자금이 정기예금으로 가고 있다는 것이다. 이 여유 자금은 아파트뿐만 아니라 수많은 부동산으로 올 자금들이 잠시 머물러 있는 것이라고 생각된다. 앞으로 정기예금이 어디로 움직일지, 취득세가 완화되면 어떻게 움직일지 방향성이 정해질 수 있을 것이다.

한국주택금융공사에서 내놓은 장기 고정금리·분할상환 주택담보대출 '특례보금자리론'이 있다. 9억 원 이하 주택에 낮은 금리로 소득 요건도 안 보고 실행된다. 일단 무주택 혹은 1주택자나 임대사업자로 가기 이전의 단계에 이용해볼 수 있겠다.

대출 변화의 핵심은 15억 원 초과 대출이지만, 5억~9억 원대의 구간도 올랐다는 부분도 중요하다. 서울에서 20억 원 언저리 주택들, 15억 초과 주택이 팔리는 게 시금석이라고 본다면 전반적인 흐름에서 결국은 5억 원에서 9억 원 주택들이 팔리면 갈아타기를 위해 움직일 사람들은 매우 많다고 본다.

특례보금자리론
대상요건

주택 가격	소득	자금용도	주택수
9억 원 이하	제한 없음	- 주택 구입 - 기존 주담대 상환 - 임차보증금 반환	무주택자 또는 1주택자

지원내용

대출한도	LTV	DTI	만기
최대 5억 원	최대 70% (생애 최초 80%)	최대 60%	10~50년

*주: 만기 40년은 만 39세 이하 또는 신혼부부, 만기 50년은 만 34세 이하 또는 신혼부부(체증식 상환방식 이용불가)

다주택자로의 메시지

다주택자가 되어도 될까? 정부에서는 하라는 메시지를 보낸다. 정부 입장에서는 지방 미분양 물량을 해결하고 싶다는 메시지를 보낸 것이다.

조정대상지역에서 해제되면 여러 가지가 바뀐다. 무엇보다 6억 원 미만 주택을 샀을 때 자금조달계획서를 안 내도 된다는 게 장점이다. 대출도 쉬워진다. 일시적 2주택 양도 기간도 3년으로 바뀌니까 파는 속도도 더뎌질 수 있고, 취득세도 3주택부터 중과세하니까 2주택까지 가는 것에는 크게 문제가 없다. 그

조정대상지역 해제 시 변화

취득세 일반과세	3주택부터 중과세	자금조달 계획서 불필요	6억 원 미만 주택
다주택자 양도세중과 미적용	꼭 내년 5월, 9월까지 팔지 않아도 일반과세	1주택 자 거주요건 완화	2년 보유만으로도 양도세 비과세요건 충족
다주택자 장특공 적용	최대 30%까지 양도세 장특공제 적용	일시적 2주택자 양도기간 완화	2년 → 3년
2주택자 종부세 중과배제	기본세율 적용 (*세법 개정 중)		

* 등록주택임대사업자 합산 배제 가능

러면 투자할 지역이, 선택지가 더 넓어진다. 그러니 다주택자까지는 모르겠고 2주택자가 되라는 이야기에는 귀 기울여볼 필요가 있다.

지금 상황에서는 '조정지역 1주택+비조정지역 1주택'이 답이다. 이 목표를 세우고 나면 무주택자도 규제 지역부터 하나 일단 먼저 사야 한다. 그래야 두 번째 주택을 구입했을 때 취득세 효과가 있다.

서울 강남 3구(강남·서초·송파)와 용산구를 제외한 수도권 전 지역의 부동산 규제지역을 해제했다. 투자 대상 지역이 넓어졌다. 뭘 사야 할지 고민할 수밖에 없는데 여기서 키워드는 하나

다양해진 투자 대상 지역		
5대 지방광역시	세종특별자치시	제주특별자치도
인천	1기 신도시(분당 제외)	2기 신도시

가진 사람은 하나 더 사라는 것이다.

정부의 방향성도 그렇고 서울시의 정책을 봐도 정비 사업에 관심이 생긴다. 재건축 부담금 합리화 방안을 보면 안전진단 기준이 완화되면서 진행 단계가 빨라지는 곳이 있다. 2023년에는 정비사업이 키워드가 될 텐데, 인기 지역이 서울에만 있는 것은 아니다. 이번 정부에서 강조하는 포인트가 1기 신도시 정비 사업이다.

하나 더 사기 위한 목적이라면 특히 지금 정비사업이 매우 한창일 것으로 보이는 1기 신도시 지역도 상당히 관심을 가질 만 하다.

3주택부터 대책이 어떻게 풀리냐에 따라서 지역이 한정될 가능성도 높아지는 게 2023년 시장의 모습이다. 사업자등록증 내는 일반 주택 임대사업자들을 거의 거악으로 취급되던 분위기는 조금 완화되지 않을까 생각한다.

2023년 전망은 강남 3구(강남·서초·송파)와 1기 신도시(분당·일산 평촌·중동·산본)이다. 다주택자 규체책이 사라진다면 지역은 추가될 수 있다.

어떤 결정을 어떻게 할 거냐, 대출은 어떻게 끌고 갈 거냐, 사자의 심장을 어떻게 가져야 할 것이냐. 이 결정에 따라 많은 자산을 대물림할 수 있는 명가 만들기의 성공 여부가 달려 있다.

2023년 부동산 전망 및 유형별 투자 전략

부동산 1타 강사

이동현

하나은행 부동산자문센터장

"

위기와 기회는 항상 맞물려 있다.
위기에서도 유효한 투자 전략이 필요하다.

"

모두가 부동산 시장이 어렵다고 한다. 그래서 2023년에 어떻게 해야 할지 관심이 많다. 한국부동산원에서는 매주 매매수급지수를 발표한다. 매매수급지수는 중개업소를 대상으로 설문해 수요와 공급 비중(0~200)을 지수화한 것으로, 기준선 100보다 낮을수록 집을 사려는 사람보다 팔려는 사람이 많다는 뜻이다. 2022년 12월 26일 65.0까지 떨어지며 최저치를 기록했고 여전히 70선에 머물고 있다.

내가 부동산 건설업계 25년 정도 있었는데, 돌이켜 보니 항상 위기와 기회는 맞물리는 것 같다. 지금은 힘든 위기일 수 있지만 결국 좋은 기회일 수도 있다.

2022년 부동산 시장 결산

2022년 3~4월까지만 해도 시장이 나쁘지 않았다. 5~6월이 넘어가면서 시장이 바뀌기 시작하더니 하반기에 완전히 달라졌다. 그 이유 중에 가장 큰 것이 바로 러시아-우크라이나 전쟁에서 시작했다. 전 세계적으로 물가가 상승한 것이다.

미국 연방준비제도(연준)는 금리를 빠르게 올렸다. 빅 스텝, 자이언트 스텝이 나왔다. 미국이 금리를 올리고 전 세계적으로 금리가 오르면 우리나라는 따라갈 수밖에 없다. 올리지 않으면 우리나라에 들어와 있는 외국 자본이 유출되기 때문이다. 결국 같이 금리를 올리게 된다.

지금의 부동산 시장이 어렵게 된 이유는 고금리 때문이다. 이 금리를 가지고는 대출 규제를 풀어서 아무리 대출을 많이 해준다고 해도 감당을 못한다.

그다음 윤석열 정부가 출범했다. 취임 초기에는 집값을 잡고 부동산 시장을 안정시켜야 한다고 했는데 분위기가 바뀌었다. 알아서 집값이 잡힌 것이다. 그런데 경기 침체로 집값이 너무 크게 떨어지다 보니 문제가 생긴다. 부동산 시장 안정화 과정이 연착륙이 아니라 급격하게 떨어지니, 특히 영끌로 집을 산 2030세대부터 난리가 났다.

이 때문에 정부는 갑자기 부동산 규제 완화 정책으로 선회를 시작한다. 규제 지역도 거의 다 해제되었고, 대출 규제도 풀어 LTV도 올렸다. 그렇지만 지금 금리가 너무 높아서 아무것도 못 하고 있다.

둔촌주공 1순위 평균 경쟁률 3.7 대 1도 이슈다. 결국 실계약 까지 갈지는 조금 더 지켜봐야 한다. 계약을 안 하는 사람도 많이 나올 수 있다. 기존에 있는 좋은 아파트가 싸게 나왔다면 분양에 메리트가 없는 것이다.

집값이 떨어지면 역전세난이 발생하고 전세 사기 주의보가 나온다. 심지어 역월세라는 말도 나온다. 1기 신도시 재건축 특별법에 대한 관건도 중요한 이슈다.

정리하자면 시장에 돈이 많이 풀려서 인플레이션이 발생했고, 금리가 올라가면서 시장이 어려워졌다. 정부도 부동산 규제 완화 정책으로 돌아섰지만 시장은 아직은 더 지켜봐야 한다. 또는 아직 어렵다는 것이 2022년 시장에 대한 결산이다.

이에 덧붙여 고물가, 고금리, 고환율의 신(新)3고 시대다. 전쟁이 끝나서 물가가 안정되든지, 연준이 금리 인상을 멈춰 안정화되어야 하는데, 당분간은 현 기조가 유지될 듯하다. 다행히 환율은 우리나라 입장에서 어느 정도 안정화되고 있다. 이제 부동산 투자 패러다임이 바뀌어야 한다.

주요 변수를 통한 2023년 전망

현재 기준 금리는 3.5%다. 그러면 예금 금리는 5%대, 대출금리는 7~8%대다. 앞에서 말했듯이 미 연준의 영향으로 금리는 오를 수밖에 없다. 물론 연준도 마냥 올리지는 못할 것이다. 대선이 다가오면 경기를 안정시키기 위해 금리 인상을 조절할 수밖에 없다. 2023년에 전환의 계기가 올 것으로 생각한다. 하지만 금리가 하향 안정화되는 데는 시간이 조금 걸릴 것이다. 금리가 오르지는 않더라도 급격하게 떨어지지 않을 것이다.

집값이 오를 때는 대출을 푼다는 이야기를 못했다. 그런데 이제는 대출 규제를 풀려고 한다. 시장 거래량이 없기 때문이다. 거래되는 것은 급매물뿐이다. 거래를 활성화시키고 수요자를 늘리기 위해서 대출 규제를 풀어나갈 것이다.

세금이 변수인데, 정부의 성향 차이도 있지만 시차 문제도 크다. 세금 책정 기준이 이전 연도의 데이터인데 현실은 집값이 떨어졌다. 그래서 정부는 기본적으로 완화 정책, 세금을 줄이는 방향으로 정책을 추진할 것이다. 세금이 거래에서 가장 중요한 요소는 아니지만, 시장이 안 좋을 때는 세금에 민감하다. 이전에 다주택자에게 부과되던 징벌적 세금을 사실상 없애고자 정부가 움직일 듯하다. 이렇듯 시장을 활성화시키기 위해 세금을 절감할 수 있는 방향으로 갈 것이다.

가장 무서운 것은 물량 변수다. 입주 물량과 분양 물량 중 입주 물량 변수가 더 무섭다. 지금 분양하면 통상 3년 뒤에 입주가 나오는데, 이때가 더 문제일 수 있다. 앞서 둔촌 주공이 시장이 안 좋아 분양 경쟁률 3.7 대 1이 나왔는데, 입주 시점에 시장이 더 안 좋아진다면 마이너스 프리미엄을 감수해야 할 수도 있다. 그러나 반대로 시장이 좋아지면 프리미엄을 온전히 누릴 수 있을 것이다. 즉 지금 봤을 때 공급 물량이 쏟아지는 곳이 위기이면서 동시에 기회가 될 수 있다.

과거 반포자이아파트, 반포동 래미안퍼스티지, 잠실 리센츠 등의 몇몇 단지도 입주했을 때 가격 하락 내지는 분양가 이하로 가격이 내려간 적이 있다. 그런데 시장이 좋아지면서 다 회복되었다. 입지가 좋기 때문이다. 즉 서울에서도 강남 접근성이 좋거나 강남에 인접한 준강남 지역 등에 입주 물량이 쏟아질 때 기회를 찾아야 한다.

입주 물량이 쏟아질 때 기회는 서울에서도 중심부 또는 근접성이 좋은 강남권에 해당하는 것이라는 점을 명심하자. 수도권 외곽이나 지방 쪽은 대상이 아니다. 여기에서 기회는 시장이 정상적일 때는 엄청난 프리미엄을 주고 사야 할 만한 자리를 프리미엄 없이 살 수 있는 기회다.

시장이 안 좋을 때는 지방, 수도권 외곽, 수도권 내부, 서울권, 강남권 순서로 안 좋아진다. 그러니까 제일 알짜배기가 그나마 버티는 것이다. 입주 물량이 쏟아지는 곳에 빈집 쇼크가 온다는 말이 있는데, 이건 대부분 수도권 외곽, 지방권 이야기다. 서울 강남 요지에 빈집 쇼크란 없다.

중장기적 체크 포인트

일단 저출산 고령화 문제다. 0.78의 전 세계 최저 출산율, 50대 은퇴 후 50년이 남아 있는 고령화 문제는 결국 부동산 시장에 영향을 준다.

　가구 분화도 부동산 시장에 영향을 준다. 2021년 기준 1인 가구 비율은 33.4%로 전체 가구의 1/3를 차지한다. 이런 추세 는 주변 국가, 특히 선진국일수록 뚜렷하게 나타난다. 이는 즉 과거와 같이 큰 집이 필요하던 시대는 아니라는 것이다. 재테크 수단으로서는 큰 집을 좋아할 필요는 없다. 자동차도 집도 다운 사이즈로 변하고 있는 것이 선진국의 추세다.

　지역 전출입 통계를 보면 인구의 도시 집중화가 심화되고 있 음을 알 수 있다. 지방에서는 사람 찾기가 힘들다. 특히 젊은 세 대는 대부분 도시로 이주했다고 여겨진다. 도시화가 심화될 수 록 지방 투자는 고심해야 한다.

전출입 통계지도

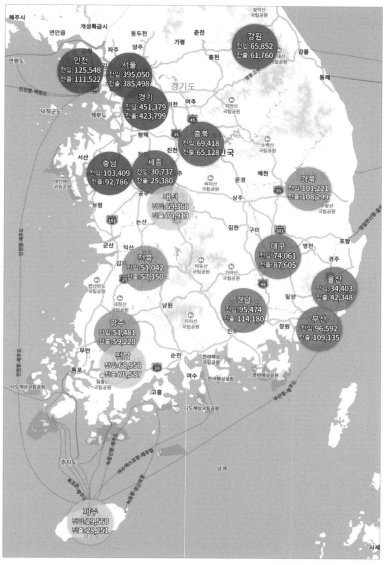

강원
전입:65,852
전출:61,760

인천
전입:125,548
전출:111,522

서울
전입:395,050
전출:385,498

경기
전입:451,379
전출:423,799

충북
전입:69,418
전출:65,128

충남
전입:103,409
전출:92,786

세종
전입:30,737
전출:25,380

경북
전입:101,221
전출:108,299

대전
전입:69,368
전출:70,913

대구
전입:74,061
전출:87,605

전북
전입:51,042
전출:57,150

울산
전입:34,403
전출:42,348

경남
전입:95,474
전출:114,180

광주
전입:51,481
전출:59,220

부산
전입:96,592
전출:109,135

전남
전입:68,958
전출:70,587

제주
전입:29,568
전출:28,251

자료: 부동산지인(aptgin.com)

유형별 투자 전략

아파트

집은 언제 사야 할까? 2023년 상반기까지는 안 좋은 분위기가 이어질 가능성이 크다. 시기적으로 2023년 하반기 또는 2024년 상반기 정도를 내 집 마련이나 투자의 적기로 보면 좋겠다. 무주택자에게 집을 살 기회가 생길 것이다. 정부에서 대출을 풀고, 안심전환대출 같은 제도도 나오고 있다. 이런 혜택을 최대한 활용해보자.

혹자는 이 분위기가 3년, 5년 간다고 하지만, 그렇게까지 이어지지는 않을 듯하다. 2023년은 러시아-우크라이나 전쟁이 휴전 또는 종전될 가능성이 있고, 금리 상승 역시 멈출 것이다. 또한 선거 전 경기 침체를 해소하기 위해 노력할 것이다.

이런 상황에서 다주택자는 공격적으로 투자하기 부담스러울 수 있다. 다만 주택 임대 사업자 혜택을 복원시키려는 정부 정책이 기회가 될 수 있으니 눈여겨보자.

상가

금리가 높아지니 상가 시장도 안 좋아졌다. 정기예금 금리가 5%인데 상가 임대 수익률이 3%다. 당연히 거래가 끊길 수밖에 없다. 최근 거래되는 것은 실수요자나 목이 좋은 자리다. 단기적으로 상가 투자로는 돈 벌기가 힘들어졌다.

상가 빌딩, 그러니까 꼬마 빌딩도 거래가 끊겼다. 꼬마 빌딩은 자산가들이 좋아하는데, 전통적으로 자산 증여에 활용할 수 있었기 때문이다. 그런데 이런 빌딩 시장은 가격이 더 올라가서 매물이 나오고 있다. 거래는 거의 안 되고 있다. 다만 급매물이 나와 여력이 있다면 투자할 만하다.

오피스텔

2022년 상반기까지만 해도 서울에서 개발 시행하는 사람들이 찾고 있는 게 오피스텔을 지을 땅이었다. 면적이 300평(991m²)은 되어야 한다. 3천, 3만 평은 되어야 지을 수 있는 아파트에 비해 오피스텔은 공급이 쉬웠다.

그런데 하반기 들어 사실상 개발이 끊겼다. 오피스텔을 지을 때는 보통 대출을 이용한다. 그걸 부동산 PF(Project Financing)라고 한다. PF는 기업의 신용과 담보에 기초해 자금을 조달하는 기존의 기업금융과 달리 기업과 법적으로 독립된 부동산 개발 프로젝트로부터 발생하는 미래 현금 흐름을 상환 재원으로 자금을 조달하는 금융기법이다. 그런데 강원도 레고랜드 사태 이후에 PF가 끊겼다. 그러니 오피스텔 시장이 더 안좋아진 것이다.

투자자 입장에서 오피스텔은 시장에 민감하고 금리에도 민감한 상품이다. 고금리에 아파트 시장이 안 좋은데 오피스텔이 홀로 좋기는 쉽지 않다. 기본적으로 아파트가 우선 선호되기 때문이다. 2023년에 PF 시장이 풀리고 금리가 어떻게 나오느냐가 중요할 것이다.

토지

토지는 20년, 30년, 50년을 봐야 하는 투자다. 당연히 토지 거래가 거의 끊겼다. 기본적으로 토지 투자는 전문가도 쉽지 않은 시장이다. 투자를 선별하는 혜안을 가진 사람이 아니라면 투자할 만한 시장은 아닌 것 같다.

신3고 시대, 가치를 높이는 투자　　　　　　◇

신3고 시대에서 시장이 단기적으로 뜨겁게 달아오르기 어려우니 레버리지를 과도하게 해서 투자하면 안 된다. 지금은 현금을 가지고 있는 사람들이 유리한 시장이다. 정상 시세에서 떨어진 급매물이 지금 거래되고 있다.

　앞으로 변화하는 시장은 어떨까? 이제 가공을 거쳐야 하는 시장이다. 부가가치를 넣어야 거래가 되고 수익이 된다.

　경제 저성장 시대는 이미 왔다. 포트폴리오를 구성하라는 이야기는 즉 위험을 대비하라는 것이다. 요즘 같은 시대에 몰빵 투자는 조심해야 한다. 섣부른 투자보다는 물건의 본질을 보고 사야 한다. 급매물, 경공매 매물, 부실채권 매물 등과 분양 미계약분도 나올 텐데 이 중에서 강남권 접근성이 좋은 곳에 메리트가 있다. 상속 매물을 노리는 것도 좋은 방법이다. 상속세로 인해 급매물로 거래되는 경우가 많다.

리모델링을 통해 가치를 높이는 방법도 있다. 예를 들어 상권이 좋은데 단독 주택이 하나 있다. 이 주택을 사서 신축으로 짓기에는 공사비가 비싸니 리모델링을 한다. 건축하는 데 10억 원이라면 리모델링은 2억~3억 원이면 된다. 멀끔한 외관과 엘리베이터, 우량한 임차인을 들인다면 건물 가치는 배가되는 경우도 있다. 궁극적으로 가장 안정적으로 돈 벌기에 좋은 것 같다.

공사비가 크게 올라 신축 리스크가 생겼다. 꼬마 빌딩을 지을 때 불과 2년 전만 해도 평당 400만~500만 원 정도였는데, 이제는 최소한 700만~800만 원이라고 한다. 이런 이유로 리모델링을 활용하는 게 더 나을 수 있다. 토지도 리모델링이 있다. 토지를 정돈하고 길도 내면 비싸게 팔 수 있다.

또 하나 재밌는 사실이 있다. 아이러니하게 정부가 부동산을 막으면 부동산 가격이 오르고, 부동산을 풀어주면 부동산 가격이 떨어진다는 것이다. 이는 시장과 정책에 시차가 존재하기 때문이다. 시장을 흔들 정도로 정부 정책이 중요하긴 하다. 하지만 시장에 반영되는 데 시차가 존재하고, 시장보다 정부 정책이 다소 늦을 수밖에 없다. 세금 같은 민감한 부분은 시장에 바로 반영되지만, 공급이나 재건축 문제는 5년, 10년 뒤에 시장에 반영된다. 이런 타이밍을 봐야 한다.

투자 전략 정리하기 ◇

주택에 대한 선호도는 아파트, 빌라, 단독주택 순이다. 주택 시장 회복 반등에도 순서가 있다. 당연히 아파트가 제일 먼저 움직이고 그다음 빌라가 따라 움직이고 단독주택은 제일 마지막인데 거의 안 움직인다. 그러니 환급성이라는 측면에서 아파트만 한 게 없다.

다주택자는 주택 임대 사업자 등록 허용 여부를 보고 움직여야 하겠다. 1주택자는 기본적으로 시장이 안 좋을 때 현금 여유가 있다면 상급지로 갈아타면 된다. 무주택자는 입지를 잘 분석해 사면 기회가 될 수 있다. 그다음에 충분한 현금을 보유하고 있는가가 중요하다. 지금 금리가 너무 높기 때문에 현금을 효율적으로 활용할 필요가 있다.

상가 빌딩을 한번 보자. 임대 목적, 투자 목적, 실사 목적 등

목적에 따라 봐야 할 것이 다르다. 투자 목적이라면 투자해봤자 지금 손해 볼 거란 생각이 든다. 임대 목적도 은행 예금이 높은 이상 의미가 없다. 신규 분양 상가도 쉽지 않다. 기존 상가도 힘든데 전통적으로 고분양가라는 말도 계속 나오기 때문에 더 힘들 것이다.

그다음 주택 잔금청산 전 용도변경을 보자. 앞으로 주거용 주택을 구매해 잔금청산 전에 상가로 용도변경을 해도 1세대 1주택 양도세 비과세 적용 대상에서 제외된다. 빌딩 상층에 주택이 있으면 취득세 중과를 적용받게 되어 세금 문제가 생긴다. 기본적으로 주택 부분이 있다면 다주택자 취득세 중과 부분이 항상 들어가기 때문에 용도 변경을 요청해야 한다.

오피스텔은 신축인지 구축인지 봐야 한다. 오피스텔의 특성상 오래된 오피스텔 투자는 피하자. 오피스텔은 시간이 지나면 가격이 떨어진다. 그러니까 초창기가 가장 좋은 분위기이니, 그때 사고팔고 나와야 한다. 재건축 이슈로 가격이 오르는 아파트와 다르다.

토지는 리스크가 아주 큰 부동산이다. 강조하지만 투자 권유로 토지 투자를 해서는 안 된다. 토지는 내가 직접 찾아다니면서 투자하는 것이지 연락 오는 토지는 안 하는 게 답니다.

정부 정책에 따른
재건축·재개발 투자 전략

부동산 천리안

박합수

건국대 부동산대학원 겸임교수

"

3기 신도시로 공급되는 물량으로는
서울의 공급 부족 문제를 해결하기 어렵다.
결국 서울은 재건축·재개발이 되어야 한다.

"

침체기라는 부동산 시장의 방향을 전반적으로 살펴보고 그에 따른 입지도 재점검하는 시간을 가지려 한다. 정비 사업 전체에 대한 정책적인 내용을 분석해보고 그다음 재건축·재개발 핵심 지역을 간단하게 한번 살펴보자.

재건축 정책 및 현황 분석

부동산 정책을 알아야 방향성을 예측할 수 있기 때문에 정책을 먼저 알아보겠다.

재건축에서 가장 먼저 생각해야 할 정책적인 순서는 안전진단이다. 이 기준을 현 정부에서 구조 안전성 비율을 30%로 내렸다. 구조 안전성 30%, 주거환경 30%, 시설노후도 30%, 비용 분석 10%로 변경되었다.

투기과열지구에서의 재건축 조합원 지위 양도 금지가 여전히 존재한다. 예외로 조합원 자격 양도가 가능한 경우가 있는데, ① 조합설립 후 3년 내 사업시행인가 신청이 없고 3년 이상 소유자, ② 사업시행인가 후 3년 내 착공 못 하고 3년 이상 소유자, ③ 착공 후 3년 내 완공하지 못할 경우, ④ 상속·경매·해외이주 등으로 인한 지위 승계(증여는 불가), ⑤ 2003년 말 이전 조합 설립 및 보유자다. 물론 10년 이상 보유 5년 거주 1주택자는 가능하다. 다만 물건이 제한적이라 이런 단지의 가격이 오르는 요인이 된다.

분양가 상한제로 인해 HUG 분양가보다 상한제 분양가가 높아지는 사례가 있어 폐지를 주장하고 있다.

재건축초과이익 환수제(재초환)도 봐야 한다. '(준공일 감정가격 - 설립일 공시가격) - 개발비용 - 정상주택 가격 상승분 = 초과이익'으로 산정하는데, 다행히 개선되고 있다. 나는 그동안 재초환을 폐지해야 한다고 주장했다. 2기 신도시가 마무리되고 보금자리 주택을 짓고 나면 3기 신도시 입주까지 공백기가 너무 길기 때문이다. 공급 부족 시대에 재건축·재개발을 활성화해야 한다는 입장에서 이야기한 것이었다. 지금은 공급 부족이라는 이슈가 수면 밑으로 내려갔지만 다시 부각된다면 더 큰 상승 자극을 할 수 있는 우려가 있다.

재건축 부담금 합리화 방안을 살펴보자. 면제금액이 3천만 원 이하에서 1억 원 이하로 상향되었고, 부과구간도 2천만 원에서 7천만 원으로 확대되었다.

초과이익		부과율
현행	개선	
0.3억 원 이하	1억 원 이하	면제
0.3억~0.5억 원	1.0억~1.7억 원	10%
0.5억~0.7억 원	1.7억~2.4억 원	20%
2.4억~3.1억 원	2.4억~3.1억 원	30%
0.9억~1.1억 원	3.1억~3.8억 원	40%
1.1억 원 초과	3.8억 원 초과	50%

부과 개시 시작 시점도 추진위원회 승인일에서 조합설립 인가일로 변경되었다. 가장 중요한 것은 1주택 장기보유자 감면 제도다.

보유기간	10년 이상	9년 이상	8년 이상	7년 이상	6년 이상
감면율	50%	40%	30%	20%	10%

* 준공시점 1세대 1주택자로서 보유기간은 1주택자 기간만 인정

사실은 미흡한 제도다. 1주택자는 사실상 재건축 부담금은

면제해야 한다. 1주택자가 투기를 한 것도 아니고 집이 2채가 되는 것도 아닌데 개발 이익을 환수당하는 것은 옳지 않다. 1세대 1주택자 고령자(만 60세 이상) 담보제공 조건 전제로 상속, 증여, 양도 등 해당 주택의 처분시점까지 납부를 유예할 수 있도록 개선할 필요가 있다.

앞서도 말했지만 안전진단은 재건축 단계의 첫 걸음이다. 재건축 안전진단 합리화 방안을 한번 살펴보자.

구조안전성 점수 비중을 30%로 낮추고, 주거환경, 설비노후도 비중도 각각 30%로 상향했다. 이를 통해 2018년 3월 이후 완료 단지가 46개 중 유지보수(재건축 불가)가 25개였는데 11개로 감소했다. 사실 이것도 부족하다. 저렇게 바꿔도 1/4이 탈락한다. 개선이 필요하다고 다시 한번 강조하겠다.

평가항목 배점 비중

구분	구조안전성	주거환경	설비노후도	비용편익
현행 가중치	50%	15%	25%	10%
개선 가중치	30%	30%	30%	10%

점수 분포	30 이하	30~40	40~45	45~50	50~55	55 초과
현행	재건축	조건부재건축				유지보수
개선	재건축			조건부재건축		유지보수

서울시 재개발 정비구역 재지정 등 신속통합기획(신통)으로 사업 초기 단지로 가기 때문에 기대치가 조금 있다. 관건은 기존 방식대로 7~8년, 10년 후 입주할 것인가 신통을 통해 더 빨리 입주할 것인가 하는 문제다. 개인적인 생각으로 사업 초기 단계에서는 검토를 충분히 해볼 필요가 있다. 서울은 정비사업 주택 공급이 대다수(약 80%)를 차지하기 때문에 상황 신속 공급 절실하다.

서울은 절대 공급 부족 시대에 들었다. 3기 신도시 입주가 시작되면 수도권 공급이 평정되고 공급 과잉이 될 것이라고 생각하는 사람도 있지만, 입주 시기도 멀었고 물량도 40만 호에 불과하다. 3기 신도시가 공급된다 한들 서울의 공급난은 해결되지 않을 것이다.

재개발 사업 시 임대주택 공급 의무비율이 강화되었다. 현행 수도권 15%, 지방 12%였는데 수도권 최대 30%(20%+10%p) 강화되었다.

조합원 분양권 전매제한 부분도 알아보겠다. 먼저 간단하게 재건축·재개발 순서를 정리하면 다음 페이지의 도표와 같다.

재건축과 달리 재개발에서는 관리처분 계획인가 후부터 조합원 지위양도가 금지된다. 그러면 재개발 물건은 언제 사야 할

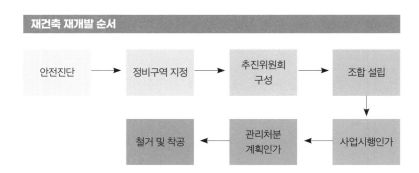

재건축 재개발 순서

안전진단 → 정비구역 지정 → 추진위원회 구성 → 조합 설립

조합 설립 → 사업시행인가 → 관리처분 계획인가 → 철거 및 착공

까. 사업시행인가를 통과한 단지를 사는 것이 제일 좋다.

5년간 투기과열지구 내 정비사업 분양 재당첨(관리처분계획인가 시점)이 제한된다. 재건축아파트, 재개발지역 입주 예정자는 타 정비사업 청약 시 주의해야 한다.

공급 대책과 교통망

공급 대책도 살펴보자. 큰 흐름은 재건축·재개발을 활성화와 도심 복합사업이다.

선호도 높은 도심에 내 집 마련 기회 확대를 위해 재개발·재건축 사업을 정상화하고 신규 정비구역 지정을 촉진한다. 재건축 부담금 합리적 감면, 안전진단 제도 개선, 신탁사의 정비사업 참여 활성화, 사업지원 및 조합운영 투명성 강화 등 사업 정상화를 위해 노력한다.

그리고 도심복합사업을 개편한다. 민간도 사업주체가 될 수 있도록 제도를 신설해 20만 호 공급을 추진한다. 공공사업 추진 과정에서 재산권을 침해해 주민 반발을 야기한 규제를 합리적 개선하고자 한다.

주택 공급에 걸리는 시간을 대폭 단축하는 방안도 마련했다. 주택사업 인허가 절차를 개선하고, 소규모 사업 추진 시 애로 요인 해소한다. 예를 들어 가로주택정비사업 민간자금 조달 시 기금과의 금리차 일부 보전해주고, 소규모 정비사업 절차 를 간소화하는 등이다. 주택 공급 촉진지역 제도 도입도 검토 하고 있다.

그동안 시장은 공급 부족, 유동성, 저금리에 따라서 인플레이 션이 발생했다. 가격이 오르기 시작하면서 대부분의 수요자가 추격 매수를 시작해 가격이 더 올라가기 시작했다.

가격이 올라가면서 시장은 급등에 따른 부담감 피로감이 자 리하기 시작했다. 경기 침체가 지속되고 시장 혼란이 가속되며 부동산 가격 하락 요인으로 작용하기도 했다.

금리 전망이 사실상 부동산 시장 전망이 될 수 있다. 금리는 2023년 상반기까지 오를 우려가 있다. 이후로도 오른 상태가 지속되기 때문에 부담감이 여전할 것이다. 여름 이후에는 금리 에 대한 부담이 커지는 않을 것으로 예상하는데, 부동산 시장은

수도권 GTX A, B, C 노선도

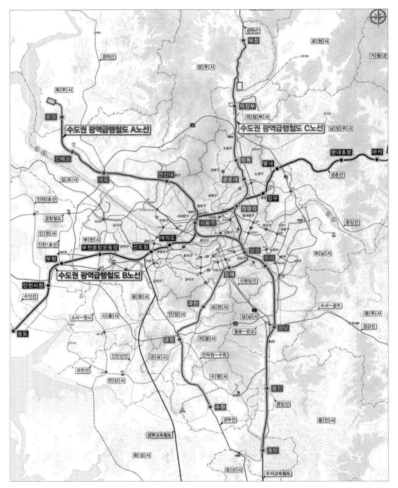

자료: 국토부

횡보할 확률이 있다. 통상적으로 과거 10년 전에는 횡보가 6개월 정도 됐고 6개월이 지나면 시장에서 약간의 반등이 보였다.

이는 2023년 상반기에는 하락, 하반기는 저점에서 횡보, 2024년부터는 반등의 여지의 흐름은 추가적으로 경제 침체가 이어지지 않는다는 전제하에 분석한 것인데, 경제 침체가 이어질 경우 1년 정도 미뤄질 수 있다. 다행히 아직까지 경제 펀더멘털을 봤을 때 경제 침체까지 이르지는 않을 것으로 기대한다.

GTX는 중요하지만 기대치는 예전보다 줄어들었다. 2024년과 2028년 완공되는 A노선, 2030년 완공되는 B노선, 2028년 완공되는 C노선의 시기를 참고하자. 우리가 아파트를 분양받거나 재건축 등 완공 시점에 GTX 기대감이 반영될 확률이 높다는 차원에서 참고할 만하다.

A노선은 일산에서 화성 동탄에 이른다. 여기에서 연장해 평택까지 내려가겠다는 계획이다. 일산에서의 최대 관심사는 대곡역 접근성이다. 또한 소사 대곡선이 개통된다면 일산에서 김포공항까지 10분 만에 올 수 있는 여지가 있다. 서해선을 통해 일산과 강북 강남의 연결성이 좋아질 수도 있다.

남쪽으로 내려오게 되면 용인 구성역이 있다. 용인 구성역에서 기존 분당선을 통해 두세 정거장 갈 수 있는 지역도 살펴봐야 한다. 동탄에서 삼성에 도착하는 데 16~17분 정도 걸린다. 오산에서 두세 정거장만에 동탄에 오게 되면 오산 사람은 20분

광역교통구상(철도)

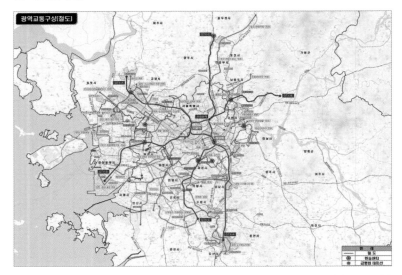

자료: 대도시권광역교통위원회

대 삼성역에 도착할 수 있다는 것이다. 이렇듯 GTX는 해당 역 뿐만 아니라 그 역에서 연결되는 주변 지역의 가치도 체크해서 대응해야 한다.

B노선은 동서 간 철도다. 인천 송도에서 출발해 부평, 남양주 까지 이어진다. 부천 쪽에서 소사 대곡선으로 김포공항까지 갈 수 있다. 동쪽으로는 상봉역과 망우역 사이에 GTX역이 생기는 데, 그러면 7호선을 타고 강남 접근성이 높아진다.

C노선은 남북선이다. 양주 덕정에서 수원까지 연결된다. 의 정부, 창동, 광운대 등의 가치가 좋아지는 건 당연하지만 광운

대가 상대적으로 저평가되어 있어 볼 필요가 있다. 안산 상록수역도 기억해두도록 하자.

GTX가 주변까지 확대되면서 서울 수도권의 판세를 바꿔놓을 것이다. 주택 시장 측면에서 분산효과가 충분히 있다. 다만 상권은 오히려 서울로 집중되는 빨대효과가 나타날 수 있어 투자에 주의가 필요하다.

2030년까지 수도권의 철도 구상을 참고해 수도권 시장의 판세를 예측해야 한다. 이 철도가 개통되는 순간 광명과 시흥, 안산의 미래 가치가 급격하게 상승한다. 구리는 지하철 8호선 암사-별내가 연결될 예정이다. 이 철도가 개동되면 구리, 별내 쪽은 서울의 26번째 구라고 생각할 수도 있다.

이제 정리해보겠다. 주택 가격 저점은 어디인가? 2023년 하반기 정도로 예측한다. 지금은 관심 단지를 정해 준비해야 한다. 만약 청년층이라면 정부의 정책자금 대출 등 자금 상황에 대한 준비를 철저히 할 필요가 있다. 관심 단지에 대한 모니터링은 끊임없이 해야 한다. 무주택자는 다시 한번 기회가 왔다고 생각하면서 시장에 대응해야 한다. 올라갈 때 추격 매수하는 것보다 바닥권에서 사는 것이 필요하다. 무주택자는 반 발자국 정도 빨리 움직이는 게 전략이 되겠다.

전세난은 다소 완화되는 분위기가 포착된다. 다만 전세가 언제 안정될 것이냐를 장담하기는 어렵다. 입주 물량이 부족하기 때문이다. 2023년 하반기를 넘어가면 매수를 보류한 세입자가 계속 쌓이게 되고 전월세에 머무르게 되는데, 이런 수급 불균형은 매매에 당장 영향을 미치는 것은 아니지만 전세 가격에는 절대적으로 영향을 미칠 수 있다. 리먼 사태 이후 금융위기 때도 매매가 바닥이었지만 전세는 2009년 7월부터 갑자기 고공 상승하기도 했다. 그러니 전세에 계속 머무르는 것은 그렇게 바람직한 상태는 아니다. 전세가 싸다고 계속 살다 보면 현실적인 한계가 생기게 된다.

1주택자는 평수 늘리기와 지역 갈아타기를 시도해볼 수 있다. 현재 가진 것을 비싸게 팔고 다른 것을 싸게 사는 건 불가능하니 싸게 판 만큼 싸게 사는 방법을 찾아 조금 더 나은 입지에서 미래를 맞이해야 한다.

이전 정부는 2주택자까지도 다주택자로 편입했지만 이제 2주택자는 버틸 여유가 생겼다. 다주택자는 정부 정책 변화에 따른 대응 전략을 구사해야 한다.

1~3기 신도시, 수도권 일대 ◆

3기 신도시가 김포까지 포함해서 대략 4만 가구가 공급된다고 이야기했지만 이로 인해 서울의 문제가 해결되기는 쉽지 않다.

결국 서울은 재건축·재개발이 되어야 한다.

분당 일대를 보자. 성남역 주변 판교-이매 라인의 가치는 다시 한번 확연히 높아질 확률이 높다. GTX도 있지만 여전히 관심은 신분당선일 테니 정자역 배후 지역, 미금역 롯데성경 자리를 주의 깊게 볼 필요가 있다.

광명에서는 일차로 기존 뉴타운과 철산·하안 주공 등 재건축에 주목해야 하고, 광명역에 꼭 관심을 가져야 한다. 향후 4~5년이면 광명역을 중심으로 모든 시스템이 돌아가게 되어 있다. 광명역의 가치는 수직 상승할 것이다. 광명시흥신도시는 7만 가구로 3기 신도시 중 최대 규모다.

구리는 서울의 26번째 구로 관심을 가질 만한 자리다. 구리에 관심을 가질 때 딱 붙어 있는 곳이 다산신도시 진건지구다. 이곳은 새 아파트로 아주 쾌적하게 녹지도 잘 만들어져 있고 왕숙천 조망에 현대 아울렛까지 잘 발달된 지역이다. 다산 신도시는 보금자리 주택 지구다. 보금자리 주택 지구 중에 제일 큰 게 하남 미사 3만 8천 가구, 다음 다산 신도시가 3만 2천 가구다. 다산신도시도 구리와 더불어서 관심을 가지면 아주 괜찮은 입지가 될 것이다.

강남 아파트를 손에 쥘 수 있는
2023년 경매시장

부동산 경매 달인

나땅(이소라)

헤리티지 대표

"

1억을 싸게 사는 것은
1억을 버는 데 드는 시간과 노력을 줄이고
1억을 저축하는 동안 오르는 집값을 동시에 붙잡는 것이다.

"

나는 2016년 이후로 경매 투자와 강의를 진행했었는데, 지금처럼 수익에 확신이 든 적은 없었던 것 같다. 정말 누가 경매를 해도 수익을 낼 수 있다고 생각한다. 강남 아파트도 누구나 노력으로 가질 수 있는 기회가 생겼다.

지금 시장은 초보가 입찰해도 아무 하자가 없는 물건으로도 충분히 수익을 낼 수 있는 시장이라고 생각한다. '아프니까 아파트다'라는 말을 들어봤는가. 아파트가 있는 사람도 힘들고 없는 사람도 힘든 시장이다.

자산 시장 하락, 후순위 담보대출 시나리오 ◇

가장 먼저 자산 시장에서 코인이 하락했고, 그다음 코스피와 코스닥까지 전부 하락하고 있다. 부동산도 하락하고 있다. 이자 연체율이 급등하고, 후순위 담보대출*도 많이 받았다. 이런 물건이 이제 경매에 나올 것으로 예상된다.

후순위 담보대출 아파트가 경매에 나오는 시나리오를 생각해보자. 전세 4억 원에 갭 1억 원으로 아파트를 산다. 부동산 상승기였기에 5억 원이던 아파트가 8억 원이 된다. 담보 가치가 8억 원으로 올랐으니 후순위 담보대출을 3억 원을 받아 재투자한다. 이렇게 유동성이 공급되며 아파트값은 계속 올랐다.

그런데 8억 원 하던 아파트가 6억 원으로 떨어졌다. 6억 원짜리 아파트인데 전세 4억 원에 후순위 대출 3억 원으로 채권이 7억 원이다. 이렇게 되면 일반 매매로는 해결할 수 없다. 경매밖에 답이 없는 것이다.

저금리 상승장 풀레버리지의 후폭풍으로 보유세 문제, 매수세 실종, 역전세, 금리 인상, 매매가 하락이 투자자들을 짓누르고 있다. 결국 매매로 해결할 수 없는 물건이 경매로 나온다. 지금 이자 연체가 시작되었다고 하는데, 연체가 시작되면 3개월이 있다가

---

* 저당이나 전세 등 설정이 된 담보물에 후순위로 추가 대출을 받는 것을 의미한다.

기한이익상실로 경매 절차가 시작된다. 기한이익상실로 경매가 시작되면 6개월에서 1년 정도 후 경매 정보지에 매물로 뜬다.

경매를 두려워 말자

처음 경매를 시작할 때 두려워하는 것은 권리분석, 명도, 도덕적 죄책감, 이 3가지다.

권리분석을 잘못하면 낙찰 후 문제가 생길 수 있다는 마음에 두려워하는데, 사실 법원이 경매로 매각할 때 낙찰자에게 위험을 숨기고 매각하지 않는다. 위험한 부분은 반드시 입찰자에게 고지한다. 그런데 입찰자들이 고지 내용조차 제대로 안 읽고 공부도 안 하고 입찰해서 사고가 나는 것이다.

그리고 명도, 사람을 내보내는 걸 두려워한다. 우리가 낙찰받았을 때 점유자가 안 나간다고 고집을 부리면 어떡하나 걱정하는 것이다. 그런데 입장을 바꿔 생각해보면 저쪽이 더 두려워하고 있다. 사실 명도가 어려우면 따로 맡길 수도 있고, 오히려 협조가 잘 되는 경우가 더 많다.

마지막 도덕적 죄책감이다. 경제적으로 약한 사람을 이용해서 이익을 본다는 죄책감을 가지기도 한다. 그런데 상대는 집이 있으니까 경매가 나온 것이다. 오히려 우리가 더 힘들 수 있음을 생각하자.

부동산 투자를 했다가 가격이 더 떨어지면 어떻게 하지? 그런 생각이 들면 안 하면 된다. 문제는 나만 뒤처진다고 생각하게 된다는 것이다. 나 역시도 그랬다. 그래서 경매가 두려웠다. 그런데 나는 경매보다 가난이 더 두려웠다. 그래서 시작할 수 있었던 것이다.

저렴하게 낙찰되는 경매 물건

그래서 경매로 얼마나 싸게 낙찰되는지 알아보자.

사례 1

평촌 학군지에 있는 아파트다. 감정가가 10억 원인데 3차까지 유찰되고 4차에서 매각됐는 때 입찰자는 52명이었다. 평촌의 이 아파트는 결코 싸지 않다. 직장인이 월급을 모아서 살 수 있을 정도의 아파트가 아니다. 그런데 52명이 입찰했다는 것은 2023년까지 금리가 계속 오를 것이고 부동산 분위기가 급반전되기는 어려우니 이 가격에 낙찰받아도 절대 손해를 보지 않을 것 같다는 심리가 깔려 있는 것이다.

시세를 가장 낮은 순으로 나열했을 때 최저가가 10억 5천만 원이었고, 이 지역 평균적으로 30% 정도 가격이 빠졌으니 최저가에서 30% 빠진 정도의 금액으로 낙찰받았다.

사례 2

별내동에서 8억 1천만 원에 감정됐던 국민평형 아파트가 5억 8천만 원 정도의 낙찰됐다. 63명이 입찰했다. 8억 1천만 원까지 갔던 아파트를 6억 원에 낙찰받으면 손해보지 않겠다는 대중의 믿음이 있는 것이다. 이 정도면 싸다는 생각이 든다.

사례 3

목동아파트의 같은 경우 26억 원에 감정된 게 18억 원에 낙찰됐다. 아파트 가격이 높은데도 19명이나 입찰했다. 이 경우 경매로 낙찰받으면 토지거래허가를 받지 않고, 자금조달계획서도 내지 않는다.

목동아파트는 1단지에서 14단지까지 있는데, 1~7단지가 더 선호된다. 그중 7단지는 5호선 초역세권이기에 단지 안에서도 가격 차이가 크게 난다. 경매로 18억 원에 낙찰되기는 했는데, 같은 동에 27억 원 매물이 있다.

감정가 대비 50% 이하로 떨어지면 소문난 잔치가 돼서 오히려 낙찰가가 높아진다. 경매는 타인의 욕망이 가격에 반영된다. 적당한 타이밍에 들어가야 경쟁 없는 낙찰이 가능하다.

사례 4

2022타경		* 의정부지방법원 남양주지원	* 매각기일 : 2022.09.2 木) (10:30)	* 경매2계(전화)
소재지	경기도 구리시 구)경기도 구리시		도로명검색 주소 복사	

물건종별	아파트	감정가	919,000,000원	오늘조회:1 전체조회:353			
토지면적	36.58㎡(11.06평)	최저가	(70%) 643,300,000원	구분	입찰기일	최저매각가격	결과
건물면적	84.37㎡(25.52평)	보증금	(10%) 64,330,000원	1차	2022-07-21	919,000,000원	유찰
매각물건	토지 및 건물일괄매각	청구금액	30,000,000원	2차	2022-08-25	643,300,000원	변경
사건접수	2022-03-23	소유자		3차	2022-09-	643,300,000원	매각
개시결정	2022-03-23	채무자		매각	매각가 679,999,999 (74%) 입찰1명 낙찰자		
사 건 명	강제경매	채권자					

9억 2천만 원에 감정된 인창동 아파트가 6억 8천만 원 정도에 한 명이 입찰했다. 70% 정도에는 경쟁이 없다. 이 아파트를

조금 더 살펴보자. 위치는 동구릉역(구리도매시장역) 8호선 초역세권 예정 지역으로 앞으로 개통할 예정이다. 이전에 9억 2천만 원까지 거래됐었다. 지금은 제일 낮은 가격순으로 했을 때 59m²가 6억 7천만 원, 저층인 84m²가 7억 5천만 원이다. 그런데 경매 물건은 84m²인데 8층이고 6억 8천만 원에 낙찰받았다. 대출은 낙찰가의 80%인 5억 4,300만 원을 받았다. 정리하자면 현금 1억 4천만 원으로 전고점 9억 2천만 원까지 거래된 물건을 낙찰받은 것이다.

현재 주택은 경매로 충분히 경쟁력 있는 가격에 낙찰된다. 지금보다 더 떨어지면 들어가겠다는 생각은 어쩌면 욕심일 수 있다. 집이 있다면 조금 더 지켜보다 규제가 완화되면 들어가는 게 좋겠고, 무주택자라면 1주택자가 들어가기 어려운 이때 입찰하는 게 좋을 듯하다.

경매로 강남 아파트? ◆

2022년 11월 신반포 아파트가 낙찰됐다. 2020년에 감정가는 29억 원이었는데, 2022년 6월 41억 원에 낙찰됐었다. 그런데 잔금을 안 냈다. 당시에는 대출이 나오지 않았기에 입찰자는 현금 45억 원이 있었을 것이다. 그런데 잔금을 포기한 것이다.

사례 5

행꿈사옥션 - 경매정보의 모든 것

2020타경			* 서울중앙지방법원	* 매각기일 : 2022.11.10(木) (10:00)	* 경매2계(전화):

소재지	서울특별시 서초구 구)서울특별시 서초구				

| 물건종별 | 아파트 | 감정가 | 2,920,000,000원 | 오늘조회:2 전체조회:475 | |

물건종별	아파트	감정가	2,920,000,000원
토지면적	21.33㎡(6.45평)	최저가	(80%) 2,336,000,000원
건물면적	137.10㎡(41.47평)	보증금	(20%) 467,200,000원
매각물건	토지 및 건물일괄매각	청구금액	0원
사건접수	2020-01-10	소유자	
개시결정	2020-01-16	채무자	
사건명	공유물분할경매	채권자	

구분	입찰기일	최저매각가격	결과
1차	2020-12-17	2,920,000,000원	변경
2차	2021-07-08	2,920,000,000원	변경
3차	2021-12-30	2,920,000,000원	변경
4차	2022-06-23	2,920,000,000원	매각
매각	매각가 4,114,880,490 (141%)		
	2022-09-01	미납	
5차	2022-10-06	2,920,000,000원	유찰
6차	2022-11-10	2,336,000,000원	매각
매각	매각가 2,547,902,060 (87%) 입찰2명 낙찰자: 차순위금액 2,501,000,000원		

왜냐하면 이때 당시 신반포 재건축 아파트 평당 가격이 1억 원이었다. 34평에 35억 원 정도 했었다. 그래서 45평형을 41억 원에 받으면 괜찮은 거라는 판단에 낙찰받았을 텐데, 아차 싶었을 것이다. 최저 매각 가격이 29억 원인데 심지어 자기만 입찰했으니 이상함을 느꼈을 듯하다. 그래서 계약금 3억 원을 포기하고 미납한 것이다.

11월에는 25억 원에 낙찰받았다. 그런데 2023년 신반포 아파트 값이 오를까? 오히려 떨어질 수도 있다. 하지만 41평을 25억 원에 낙찰받으면 10억 원 이상의 수익을 바로 내는 것이라고 생각한다.

강남 재건축 아파트인 신반포 4차 34평 일반 매매의 마지막

실거래가가 2022년 3월 32억 7천만 원이다. 당시에 대출이 불가했고 평당 9,600만 원이었다. 경매 초반에 45평형이 41억 원에 낙찰됐다가 낙찰한 사람이 잔금을 포기해서 이후 25억 7천만 원 정도에 낙찰됐다. 지금은 대출도 가능하다. 현금 40억 원이 필요했던 강남 아파트가 이제 25억 원에 대출까지 가능한 상황이 된 것이다.

경매로 낙찰받으면 토지거래허가를 받지 않고 자금조달계획서를 내지 않는다. 그리고 감정가와 KB시세로 대출이 나온다. 그래서 경매는 대출이 많이 나오는 것이다.

그러면 매물은 어떠한가. 호가가 35억 원이다. 경매를 통해 호가보다, 전고점보다 많이 싸게 낙찰되고 있다.

준비된 자에게 기회가 온다

2023년은 준비된 자에게 경매로 기회가 온다.

순자산이 10억 원 이상일 때 경매로 강남 진입이 가능할 것 같다. 그런데 10억 원 이상이면 종부세를 고려한 투자를 해야 한다. 무주택자의 경우는 경매로 감정가 대비 70%로 낙찰되고 있다. 내가 봤을 때 65%에서 70% 사이가 마지노선이다.

강남 아파트에는 해당되지 않지만 특례보금자리론을 강력하게 추천한다. 무주택자는 9억 원 이하 주택을 낙찰받아 5억 원까지 대출 가능한 특례보금자리론으로 잔금을 낸다면 전세를 사는 것보다 안전할 수 있다는 생각이 든다.

집값만 내려갈 거라고 하는데, 분양가는 높아지고 있다. 예전에는 59m²가 2억 원 대에 분양했는데 지금은 3억 원 대에 4억 원 대에 나온다. 원자재 값이 올라서 우리가 생각하는 예전의 금액으로 분양하지 않는다.

집값이 더 떨어질 것 같고, 금리가 더 오를 것 같으면, 집을 사지 말아야겠다고 생각할 수 있다. 반면 집값이 충분히 떨어졌고, 금리가 더 오르기 어려울 것 같으면 지금이 기회라고 생각할 수도 있다. 결정은 스스로 하는 것이다.

영국의 전 총리 윈스턴 처칠이 "비관주의자는 어떤 기회 속에서 어려움을 보고, 낙관주의자는 어떤 어려움 속에서도 기회를 본다."라고 말했다. 나는 낙관주의자다. 우리 모두가 잘될 것이다.

4장

투자를 넘어 자산을 지키는 전략

투자자도 사업가다,
주식농부의 투자 10계명

주식농부

박영옥

스마트인컴 대표

주식 투자는 우리 삶의 터전에 투자하는 것이기에
자랑스러워야 한다.
올바른 투자 문화 정립은 투자자의 몫이다.

우리의 삶이 지속되는 한 우리가 먹고 마시고 즐기는 일상도 지속되어야 한다. 그렇기 때문에 이런 어려울 때일수록 주식 투자를 해야 한다. 지금부터 나의 투자 철학을 함께 나눠보고자 한다.

주식 투자의 본질

투자를 해서 성공하고 싶다면 투자에 대한 올바른 인식이 무엇보다 중요하다. 만약 사업가에게 아무리 좋은 아이디어가 있다고 해도 자본이 없다면 사업가는 아무것도 할 수 없다. 투자자는 사업가를 믿고 돈을 맡기며, 기업이 성과를 내면 그 이익을

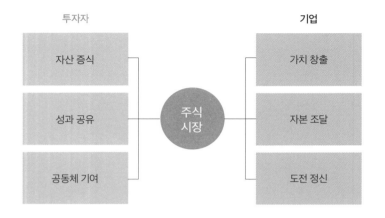

투자자 / 기업

자산 증식 — 가치 창출

성과 공유 — 주식 시장 — 자본 조달

공동체 기여 — 도전 정신

공유받는다. 결국 투자자는 기업이 영위하는 사업에 간접적으로 참여하고 동업하는 사람이다. 이런 의미에서 투자자도 사업가라는 생각을 가져야 한다.

주식 투자의 본질은 무엇일까? 투자자는 동행할 기업을 찾아서 기업과 시간에 투자하고, 기업은 투자금을 바탕으로 사업을 번창시켜 주식시장을 통해서 이익을 동업자에게 돌려주는 것이다. 주식시장은 투자자에게는 기업의 성과를 나누는 공유의 장이고, 기업에게는 자금을 조달해 우리 삶을 풍요롭게 만드는 재화와 서비스를 제공하게 만드는 도구다. 주식시장은 기업과 투자자를 잇는 핵심 통로라고 할 수 있다.

주식농부의 주식 투자 10계명

나의 책 『주식투자 절대 원칙』에서 주식 투자 10계명을 정리했다. 10계명에 준해서 투자를 하게 되면 잃지 않는 투자를 할 수 있겠다라는 생각에서였다. 여기에서 한번 정리해보도록 하겠다.

1. 투자자의 시선을 가져라

투자자의 관점으로 바라보면 투자할 기업이 많다. 예를 들어 코로나 엔데믹 시대로 넘어가며 여행을 많이 가기 시작한다. 여행을 갈 때 생돈을 쓴다고 생각하기보다 여행사에 투자해서 기업의 성과를 공유하고 그 돈으로 여행을 다닌다고 생각하며 기업을 바라보면 다르게 보인다.

내가 투자했던 사례를 보겠다. 참좋은여행에 투자했을 때 다른 여행사는 오프라인 영업을 주로 한 반면 참좋은여행은 온라인 영업 위주였다. 여러 비용이 절감되고 다른 여행사가 어려워지더라도 서비스나 상품 경쟁력이 있다고 생각했기에 참좋은여행에 투자했었다. 또한 스마트폰으로 사진을 많이 찍는 트렌드로 인해 인테리어 사업도 중요해질 것이라고 생각해서 인테리어업체인 국보디자인에 투자했다.

온라인 시대로 바뀌면서 쿠팡, G마켓, 네이버 등의 회사가 돈을 벌 거라고 생각하지만, 온라인 마켓 성장의 숨은 일꾼을 찾을 수도 있다. 물류 유통에도 관심을 가져야 한다. 나는 수출입 화물의 항만하역, 창고보관, 육해상운송 등을 영위하는 세방이라는 기업에 투자하기도 했다.

이 밖에도 생활 속에서 아이디어를 찾을 수 있다. 늦은밤 카카오택시가 아니면 잡기 힘든 택시를 기다리며 플랫폼 투자, 라스베이거스 여행 중 느낀 관광산업의 핵심 카지노 사업, 코로나 사태 이후 수요가 급증한 자전거, 유럽 식당에서도 발견한 국내 기업의 부탄가스 등 이런 관점에서 기업을 찾아 투자할 수 있다.

투자자의 눈으로, 사업가의 눈으로 얼마든지 함께할 기업을 찾을 수 있다.

2. 부화뇌동하지 마라

부화뇌동하지 말라고 하는데, 이게 실행하기 굉장히 어렵다. 다른 사람이 돈을 벌었다고 하면 따라가고 싶은 게 사람 심리이기 때문이다. 먼저 가서 자리를 잡고 남들이 시장에서 이야기할 때 팔 수 있어야 한다. 그러려면 공부를 많이 해야 한다.

나는 기업을 바라볼 때 어떤 사업을 하는지, 어떤 재화나 서비스를 제공해서 돈을 버는지 알아본다. 비즈니스 모델은 단순해야 한다고 생각한다. 그다음 경영자의 자질을 본다. 이것은 적어도 3~5년은 봐야 알 수 있다. 경영자에게 남의 이야기를 잘

실패하는 투자 vs. 성공하는 투자

실패	• 주식 투자를 머니게임으로 인식한다. • 원칙을 지키지 않는다. • 차트 지식만을 쌓고 은밀한 정보에 귀 기울인다. • 시장의 관심을 받고 있고 주가 변동폭이 큰 종목에 투자한다. • 위기를 두려워하고 공포와 탐욕에 휘청거린다.
성공	• 주식 투자를 기업의 성장에 따른 보상으로 본다. • 어떤 상황에서든 원칙에 따라 투자한다. • 생활 속에서 기회를 발견한다. • 투자한 뒤에도 관찰하고 소통한다. • 위기를 기회로 보고 농사계획에 따라 담대하게 투자한다.

듣고 함께 공유와 협업할 수 있는 자질이 있느냐, 3% 이상의 배당을 줄 수 있는 책임감이 있느냐 등을 본다.

주식 투자할 때 태평양을 건널 수 있는 항공모함 같은 기업을 찾는 게 중요하다. 그래야 어떤 난관이 오더라도, 즉 환율, 물가, 금리, 유가 등 대외적인 변수가 있더라도 극복해서 바다를 건널 수 있다.

주식 투자를 머니게임으로 인식해도 먹고살 수는 있지만 기업의 성과는 지속적으로 공유할 수가 없다. 기업의 성장에 대한 보상으로 주식 투자를 생각하면 결국 성공한다. 다들 어렵다고 할 때 저평가된 기업을 저축하듯이 모으면 나중에 큰돈이 된다.

3. 아는 범위에서 투자하라

아는 기업에 투자하지 않으면 투자하는 순간 이 기업 생각 때문에 일이 안 된다. 알고 투자했다면 외부 변수에 주가가 빠지고 있을 때 오히려 감사하다는 생각에 더 사서 모을 수 있는 자세가 된다. 그런데 남의 이야기만 듣고 샀다면 주가가 올라도 떨어져도 불안할 수밖에 없다. 그러니 우리가 아는 기업을 찾아 투자해야 한다.

4. 투자의 대상은 기업이다

주식 투자와 코인 투자를 동일시하는 사람들이 많다. 하지만 주

글로벌 기업 시가총액과 국가 GDP 비교

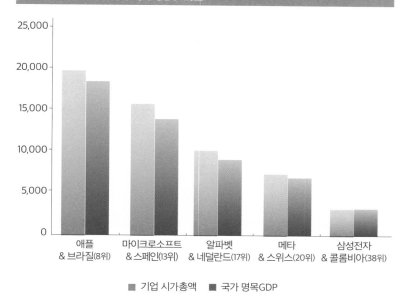

| | 애플
& 브라질(8위) | 마이크로소프트
& 스페인(13위) | 알파벳
& 네덜란드(17위) | 메타
& 스위스(20위) | 삼성전자
& 콜롬비아(38위) |

■ 기업 시가총액　■ 국가 명목GDP

식의 투자 대상은 기업이다. 기업은 삶의 터전이고 근간이다. 고용의 원천이자 세금의 원천이기도 하다. 그러니 주식 투자가 자랑스러워야 하는데 그런 생각을 하는 사람이 많지 않다.

　세상을 바라보면 기업인들이 세상을 끌어간다. 애플의 시가총액이 세계 7위 국가인 브라질의 GDP와 맞먹는다. 삼성전자도 38위인 콜롬비아 GDP와 맞먹는다. 이렇게 기업의 시대에 우리가 살고 있기 때문에 기업의 성과를 공유하지 않으면 재산을 늘릴 길이 없다고 생각한다.

5. 주주는 기업의 주인이다

삼성전자가 누구의 기업이냐고 질문하면 대부분 이재용 일가의 기업이라고 답한다. 현대차는 정의선 회장 일가의 기업이라고 하고 한화, SK도 전부 그렇게 이야기한다. 하지만 이제는 그들을 창업가인 전문 경영인으로 봐야 사회가 한 단계 나아갈 수 있다고 생각한다.

삼성전자의 이재용 회장도 2020년 5월 대국민 사과문에서 "저는 제 아이들에게 회사 경영권을 물려주지 않을 생각입니다."라고 말했다. 사실 물려줄 수도 없다. 주식회사란 납입 자본에 대해서 유한책임을 지기 때문에 주주가 사회적으로 견제하고 감시해야 한다. 그런데 우리나라 기업 문화는 아직 이런 의식을 따라가지 못하는 듯하다.

주주는 결국 기업의 주인이다. 우리가 목소리를 내지 않으면 기업은 바뀌지 않고, 사회가 바뀌지 않는다. 우리 사회는 대부분 소액주주보다 대주주 중심으로 돌아간다. 나는 기울어진 운동장을 바로잡는 방법으로 주주 민주화 운동을 하고 있다.

공동체에는 가계가 있고 기업이 있고 국가가 있다. 가계나 국가는 어느 정도 민주화되어 있다고 보는데, 기업은 아직도 많은 부분에서 개선해야 할 점이 많다. 불투명한 기업 지배구조 등에도 목소리를 내야 한다. 주주 민주화 운동을 통해 서민에게도 희망이 되는 투자 환경이나 문화, 자본시장을 만들어야 한다.

내가 주식 투자에서 성공 요인으로 꼽는 것은 2가지다. 주주는 주인의식과 기업가 정신을 가져야 한다는 것이다. 내 회사라는 생각을 가져야만 기업의 실체를 정확히 알고 기업이 어려울 때 투자해줄 수 있다. 주주는 기업의 동반자라는 사실을 잊어서는 안 된다.

6. 투자한 기업과 동행하며 소통하라

주식 투자를 해놓고 주가만 바라보고 있으면 시간이 지루하다. 그런데 투자한 기업과 다양한 방법으로 소통하다 보면 시간 가는 줄 모른다.

소통이라고 하면 해당 기업의 대단한 직급을 가진 사람들을 만나야 한다고 생각하는데, 나 역시도 자주 만나지 못한다. 내가 말하는 소통은 해당 기업에서 만들어낸 제품이나 서비스를 사용해보는 것이다. 주변 사람들에게 물어볼 수도 있고, 경쟁업체에 물어보며 객관적인 답을 얻을 수도 있다.

주식 투자는 농사와 같다고 이야기하는데, 투자할 기업이 생기면 관심과 사랑, 열정을 쏟게 되고 머릿속에 커져 있을 것이다. 우리는 3~4년 기업을 지켜보고 3~4년 미래를 보고 투자해야 한다. 기업이 지속적으로 발전해나가지는 않는다. 기업을 관찰해 성장 주기가 보이면 종잣돈을 가지고 투자하면 된다.

7. 기업의 성장주기에 투자하라

앞서 기업의 성장 주기에 대해 이야기했다. 그런 관점으로 지금 투자하고 있는 기업을 잠깐 소개해보겠다.

한국타이어앤테크놀로지 최근 코로나로 인해서 물류비가 올라가고 원재료 가격이 올라가면서 굉장히 영업 실적이 안 좋다. 그런데 이제 완화되기 시작했다. 원가도 떨어지고 원료비도 떨어지고 매출은 계속 늘어나고 있기 때문에 이런 기업은 이제 주가가 올라갈 거라고 본다.

POSCO홀딩스 포스코홀딩스는 산업재 철강을 제공하는 소재 업체였는데, 최근 리튬 등으로 배터리 소재 업체로 거듭나고 있다. 이런 기업에도 투자하고 있다.

유한양행 유한양행은 3세대 폐암 치료제 '렉라자'를 만들었는데, 성과가 좋다. 안정성 면에서도 좋고 얀센과의 협업으로 1년에 6천억~7천억 원 이상의 로열티를 받는 프로젝트를 진행한다. 만약 벤처 기업이나 코스닥 바이오 기업에서 만들어졌다면 주가에 크게 반영되었을 텐데, 유한양행에는 가치가 제대로 평가되지 않은 것 같다.

CJ제일제당 가정 간편식 시장이 커지고, 미국 시장에 1조 원 이상 수출되고 있어 글로벌 기업으로 거듭나고 있다. 또한 한류 문화의 확산으로 외국 사람들의 관심이 커지고 있다는 점에서도 성장성이 크다고 생각한다.

KT&G 투자하기에는 별로 재미없는 주식인데, 이런 재미없는 주식이 매출은 꾸준하고 5% 이상 배당을 준다. 이런 기업에 장기 투자하는 게 자산을 증식하는 데 도움이 될 것이다.

삼성증권, NH투자증권 금융 투자의 시대다. 이런 회사가 돈을 많이 벌 텐데 시장에서는 평가를 못 받는 것 같다. 배당 성향이 좋기도 하다. 아쉽게도 나는 마이너스 상태이기는 하지만 말이다.

미투젠 소셜 카지노 업체인데, 이익의 40%를 배당으로 주는 회사다. 게임 회사 중에는 배당을 많이 주는 회사가 별로 없어 눈에 띈다. 소셜 카지노 게임에서 일반 캐주얼 게임까지 론칭할 예정이라 성장 가능성이 있다.

KCC KCC는 건축 자재를 납품하는 회사로 내수 기업이었다. 그런데 모멘티브라는 실리콘 소재 업체를 인수해서 미국 시장, 세계 시장에 진출하고 있다. 이 부분들이 가시화되면 크게 성장할 수 있다고 판단해 투자하고 있다.

삼성물산 회사의 실적은 좋아지는데 주가는 안 올라서 이유를 생각해봤다. 외국인 지분이 많아서였다. 최근 미국 금리가 급격하게 올라가니까 외국인들이 파는 것이다. 어떻게 보면 삼성물산이 우리나라 증권 시장을 다 누르고 있다고 생각한다. 사실 삼성물산이 가지고 있는 삼성전자 지분이라든지 삼성바이오로직스, 삼성생명 지분의 시가총액만 해도 60조 원이 넘는데, 이 회사 시가총액은 20조 원이 조금 넘는다. 한번 살펴볼 필요가 있다.

동원개발 요즘 건설 경제가 어려운데 동원개발은 부울경(부산광역시·울산광역시·경상남도 지역) 쪽에 많은 토지를 가지고 있다. 그런데 주가가 싸다. 땅에 대한 가치를 평가받지 못한 상태다.

KT스카이라이프 드라마 〈이상한 변호사 우영우〉와 〈나는 솔로〉로 알려진 기업인데, 장기적으로 성장할 수 있는 계기를 만들었다고 생각한다. 그런데 외국인 지분이 45%여서 주가가 오르지 못했다. 지금 21%까지 떨어졌는데, 금리와 환율이 안정되면 외국인은 더 이상 팔지 않을 거라고 본다. 그러니 여유 자금이 된다면 이런 기업에 장기적으로 투자해놓기 좋겠다.

두산에너빌리티 원자력은 없앨 수 없는, 결국 우리가 나아가야 하는 방향인 듯하다. 그래서 소형 원자로 시장이 열리면 두산에너빌리티가 성장할 수 있겠다 싶어 투자해뒀다.

8. 주식 투자는 농사다

2008년 〈매일경제〉에 '슈퍼개미와 주식 농사꾼'이라는 제목으로 글을 기고했다. 2008년에 쓴 글인데 요즘의 상황과 비슷하다는 생각이 들었다.

> 요즘과 같은 상황에서 장기 투자에 대해 의문점을 제기하는 사람이 많다. 하지만 분명한 것은 좋은 기업, 경쟁력 있는 기업에 장기 투자해야만 승산이 있다. 세계 경기 동반 침체로 투자할 기업이 많지 않지만 무차별적으로 하락한 지금은 좋은 기업을 싸게 살 수 있는 절호의 기회이기 때문이다. 내가 전업투자가로 자립할 수 있었던 것도 2001년 9·11 테러 당시 헐값에 좋은 기업을 싸게 사서 보유했기 때문이다. 어려운 시기일수록 직접 사업을 하거나 현금을 쥐고 있는 것보다 경쟁력 있는 기업에 투자하는 것이 나에게 더 많은 부를 안겨줬다. 어려운 시기는 시간이 지나면 빠르게 극복된다.
>
> _〈매일경제〉 2008년 12월 25일

2008년 상황이 지금보다 어려웠다. 그런데 그때도 믿음을 가지고 많은 기업에 투자했다. 물론 그 이후 주가는 많이 올랐다. 지금도 다들 어렵다고 이야기한다. 하지만 우리는 극복한다. 지금처럼 좋은 주식을 싸게 살 기회가 없다고 생각한다.

2001년에 스마트인컴이라는 회사를 만들어 투자하고 있는데, 우리 회사의 투자 철학은 이렇다. "아름다운 마음으로 기업을 발굴하고 매사에 겸양의 정신으로 파트너를 존중하며 적대적이기보다는 우호적으로 공생공영하는 길을 찾고 영속적 기업의 가치에 근거한 장기투자를 원칙으로 하며 노력한 대가만큼의 기대 수익에 감사하는 마음으로 투자한다."

사실 나는 스스로 능력 있는 사람이라고 생각하지 않는다. 내가 직접 사업을 했다면 이렇게 성공하지 못했을 것이다. 다행히 우리나라 증권시장에는 뛰어난 기업이 많고, 약간의 수수료만 내면 기업의 성과를 공유할 수 있는 세상에 살고 있다.

투자한 기업과 동행하고 소통을 계속해야 한다. 나는 매년 10개 이상 기업에 주주 서한을 보내고 주주 제안을 하면서 함께해오고 있다. 이는 1~2년 투자로 이루어지는 것이 아니다. 적어도 3~5년, 평생을 함께한다는 생각으로 기업을 찾아야 한다.

9. 투자의 기회는 항상 있다

투자에 조금할 필요는 없다. 투자 기회는 항상 있다.

2008년과 2021년 시가총액 10대 기업의 변화를 보면 한 기

시가총액 10대 기업의 변화
글로벌 기업

2008년	
1위	페트로차이나
2위	엑슨모빌
3위	GE
4위	중국이동통신
5위	마이크로소프트
6위	중국공상은행
7위	페트로브라스
8위	로얄더치셸
9위	AT&T
10위	P&G

2021년	
1위	애플
2위	아람코
3위	마이크로소프트
4위	아마존
5위	알파벳(구글)
6위	메타
7위	텐센트
8위	알리바바
9위	버크셔 해서웨이
10위	테슬라

국내 기업

2008년	
1위	삼성전자
2위	POSCO
3위	한국전력
4위	SK텔레콤
5위	현대중공업
6위	KB금융
7위	신한지주
8위	KT&G
9위	LG전자
10위	KT

2021년	
1위	삼성전자
2위	SK하이닉스
3위	LG화학
4위	NAVER
5위	삼성바이오로직스
6위	카카오
7위	현대차
8위	삼성SDI
9위	셀트리온
10위	기아

*2021년 5월 23일 기준

업 빼고 다 바뀌었다. 이는 현재 진행형이다. 세계도 그렇고 우리나라도 그렇게 변할 것이다. 우리는 공부한 만큼 선택의 폭과 깊이가 넓어질 수 있다.

나는 실적의 지속성, 주주 환원, 자산 가치에 투자 기회가 있다고 생각한다. 특히 자사주 매입이나 배당 등 주주 환원이 활발한 기업은 주주를 동업자, 동반자로 인정해주는 경영이다. 그런 기업을 찾아서 투자해야 한다.

10. 올바른 마음으로 크게 생각하라

마지막으로 주식 투자는 올바른 마음으로 크게 생각하라고 이야기한다. 주식 투자는 우리 삶의 터전에 투자해주는 것이기 때문에 자랑스러워야 한다. 올바른 투자 문화 정립은 투자자의 몫이다. 주식 투자의 본질을 이해하고, 주인의식과 공동체 정신을 가지고, 올바른 장기 투자 문화가 정착되어야 한다.

그래서 내가 강조하는 것이 일가일사(一家一社) 운동과 밥상머리 경제교육이다.

밥상머리에서 주식 투자를 자랑스럽게 이야기하는 집이 별로 없을 것이다. 왜냐하면 주식 투자는 그냥 불로소득이라고 생각해서 그런다. 하지만 생각을 바꿔야 한다. 밥상머리에서 아들과 딸, 어머니와 아버지, 할아버지와 할머니의 생각을 모아 '우리 한번 대주주가 되어보자!' '한번 믿고 응원해주자!' 하는 기업 하나 정도는 있어야 한다. 자본금 1천억 원인 기업의 대주주가 된다면 적어도 노후는 경제적으로 자유롭게 살 수 있을 텐데, 이런 기업이 우리 주변에 있다.

그래서 내가 주식 투자가 자랑스러운 나라를 만들자고 이야기한다. 매년 5월에 워런 버핏의 버크셔 해서웨이 주주총회가 축제처럼 열리듯이 우리나라도 이런 문화가 정착되었으면 좋겠다. 자본시장이 서민에게도 희망이 되는 투자 환경 문화가 만들어지면 대한민국은 세계에서 제일 잘 사는 나라, 우리는 잘 사는 국민이 될 수 있다.

평생을 든든하게
주택연금 활용하기

주택연금제도 전문가

최경진

한국주택금융공사 연구위원

"

한국의 주택연금은

세계적으로 보기 어려운

'은퇴자의 축복'과 같은 제도다.

"

'평생을 든든하게 주택연금 100배 활용하기'에 대해 한번 이야
기를 나눠보겠다.

우리나라 고령화 문제가 심각하다. 현재 고령 인구 비중이 한
15% 정도 되는데, 고령 인구 비중이 초고령 사회로 가는 데까
지 시간이 7년으로 예상된다. 다른 선진국을 최대 40년에 걸쳐
서 진행됐다면 우리나라는 10년도 안 돼서 고령 사회가 초고령
사회로 진입하는 상황이다. 그만큼 평균 수명이 늘어나고 저출
산 문제도 심각하다.

2020년 기준 60세 기대 여명은 남성 23.4년, 여성 28.2년이다.
2010년에 비해 2.6년, 2.5년이 각각 늘어났다. 평균 수명의 증가
로 은퇴 기간은 길어질 수밖에 없다. 길어진 은퇴 기간을 어떻게
준비해야 할까? 앞으로 고민이 계속 이어질 수밖에 없다.

노후 준비, 이대로 괜찮은가

그런데 우리나라의 노후 준비는 상당히 부족하다. 선진국에 비해 노인 빈곤율도 상당히 높다. 국제적인 비교를 위해 2018년 자료를 참고했는데, 2018년 기준 노인 빈곤율은 무려 43.4%다. 길어진 평균 수명의 노인 빈곤율을 어떻게 해소할 수 있을지 한 번 생각해봐야 한다.

노후 준비 관련 설문 조사 결과 은퇴 가구의 생활비 충당 정도가 '부족하다' '매우 부족하다'의 비중이 50%를 넘어서고 있

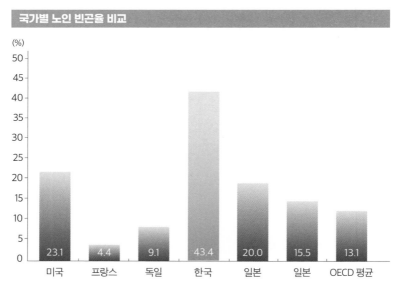

국가별 노인 빈곤율 비교

(%)

미국	프랑스	독일	한국	일본	일본	OECD 평균
23.1	4.4	9.1	43.4	20.0	15.5	13.1

자료: Pensions at a glance 2021, OECD

노후 준비 관련 조사 결과

은퇴 가구 생활비 충당 정도

(단위: %)

구분	은퇴 연령	충분히 여유 있다	여유 있다	보통이다	부족하다	매우 부족하다
2020년	63.0세	2.0	6.7	32.0	40.6	18.8
2021년	62.9세	2.2	10.1	32.1	38.8	16.8
2022년	62.9세	2.4	7.9	32.6	39.1	18.1

은퇴 가구 생활비 충당 방법

(단위: %)

구분	가족 친지 등의 용돈	공적연금	사적연금	공적수혜금	기타
2020년	20.9	30.4	4.1	35.5	9.0
2021년	21.1	30.1	4.5	35.1	9.2
2022년	22.4	30.4	5.2	33.6	8.4

비은퇴가구 노후를 위한 준비사항

(단위: %)

구분	예상 은퇴 연령	최소 생활비	적정 생활비	아주 잘 되어 있다	잘 되어 있다	보통이다	잘 되어있지 않다	전혀 되어 있지 않다
2020년	68.1세	205만 원	294만 원	0.9	7.3	37.0	38.9	15.9
2021년	68.2세	216만 원	305만 원	1.0	7.9	36.8	39.4	14.8
2022년	68.0세	219만 원	314만 원	1.0	7.7	38.7	38.6	14.0

자료: 2021년 및 2022년 가계금융복지조사 결과

다. 충당 방법도 아직까지 가족, 친지 등의 용돈에 크게 의존하고 있고 그다음을 공적 연금이 차지한다. 그런데 앞으로 공적 연금이 고갈될 수도 있어, 고갈 이후 어떤 대안이 나올 수 있을지 사람들이 우려하고 있다.

아직 은퇴하지 않은 가구를 대상으로도 조사했다. 은퇴하면 생활비는 어느 정도 되어야 할까 물어봤더니 최소한 220만 원이라고 했고, 적정 생활비 역시 310만 원 정도라고 대답했다. 그런데 비은퇴 가구 50% 이상이 노후 준비가 잘 되어 있지 않다고 응답했다. 결론적으로 은퇴를 하고 나서도, 은퇴를 앞둔 상태에서도 노후 대비가 부족하다는 것이다.

실물 자산을 유동화해야 한다 ◆

60대 이상은 소득이 부족하고 돈이 없다고 한다. 자산을 보니 실물 자산, 즉 부동산의 비중이 높음을 알 수 있다. 금융자산 대비 실물 자산 비중이 높다. 우리나라 사람들이 대부분 내 집 마련에 많은 투자를 하고 있고, 나이를 먹으면 소득이 없고 내 집만 남는다. 이럴 때 문제는 무엇일까? 부동산 가격 변동 리스크다.

주택 등 부동산 가격 하락 시 보유자산 가치 하락으로 인한 노후 불안을 느낀다. 반대로 부동산 가격이 상승한다면 기초연

연령대별 보유자산 현황 (단위: 만 원)

	가구주 연령대	전체	40대	50대	60대 이상
	총 자산(①)	54,772	59,241	64,236	54,372
금융자산	구성비(②/①)	22.1%	24.2%	22.8%	17.0%
	소계(②)	12,126	14,315	14,674	9,219
	저축액	8,548	9,444	11,413	7,574
	전월세 보증금	3.557	4,871	3,261	1,645
실물자산	구성비(③/①)	77.9%	75.8%	77.2%	83.0%
	소계(③)	42,646	44,927	49,562	45,153
	부동산(④)	40,355	42,167	46,662	43,329
	실물 자산 중 부동산 비중(④/③)	94.6%	93.9%	94.1%	96.0%
	기타	2,292	2,759	2,899	1,824

자료: 2022년 가계금융복지조사결과

금 수급 탈락 가능성과 재산세 및 건강보험료 등 조세 부담이
증가한다. 이런 문제를 어떻게 해결할 수 있을까? 결국 부동산
에 집중되어 있는 자산을 유동화해 노후 현금 흐름을 창출할 필
요가 있다.

내가 가진 자산, 집을 소득으로 창출하는 방법은 다양하다.
자녀 독립 후 집 크기를 줄일 수도 있고, 외곽으로 나가서 살고
싶어하는 사람들도 있다. 그런데 익숙해진 환경에서 벗어나야
한다는 것이 고민될 수도 있고, 이사에 드는 비용 문제가 있을

수도 있다. 이런 부분까지 고민했을 때 결국 현재 거주하는 주택에서 경제적인 안정까지 누릴 수 있는 주택연금이 좋지 않을까 생각한다.

주택연금은 집을 소유하고 있는 55세 이상 중고령자가 집을 담보로 맡기고 자기 집에 평생 살면서 일정기간 또는 평생 동안 국가가 보증하는 연금(월 지급금)을 받는 제도다. 노벨 경제학상을 수상한 로버트 머튼이라는 유명한 경제학자가 "한국의 주택연금은 세계적으로 보기 어려운 '은퇴자의 축복'과 같은 제도"라며 극찬했다. 우리나라는 주택연금 수령을 통한 생활비 비율이 거의 99%이고, 미국의 HECM은 주택 수선비나 의료비로 사용하는 경우가 많았다. 머튼 교수는 우리나라의 주택연금이 월 수령 형태로 되어 있음을 부러워한 것이다.

주택연금 가입 과정 ◇

가입 과정을 간단하게 보겠다. 주택연금에 가입하려면 한국주택금융공사 지사를 방문하든지 인터넷으로 신청하면 심사를 통해 보증서를 발급한다. 이 보증서를 은행에 대출 신청 약정을 하면 이를 통해 월 지급금을 수령할 수 있는 체계다. 세부 가입 요건은 다음 표와 같다.

주택연금의 가입 요건 및 특징

구분	주택연금 가입 시 주요 내용
가입 연령	부부 중 1인이라도 만 55세 이상, 본인 또는 배우자가 대한민국 국민 (재외국민 포함, 외국국적동포 제외)
주택 가격	공시가격 등 9억 원(시가 12억~13억 원) 이하 ※ 공시가격 9억 원 초과 2주택자는 3년 이내 비거주 1주택 처분조건
가입주택 종류	「주택법」상 주택(아파트, 연립, 다가구주택, 다세대주택), 주택면적이 1/2 이상인 복합용도주택*, 노인복지주택, 주거목적 오피스텔
거주여부	실제 거주가 원칙(예외사항: 요양원 입소, 병원 입원 등 불가피한 사유가 객관적으로 인정되는 경우)
권리침해 등	가압류, 저당권 등이 없는 주택
담보설정방식	저당권방식, 신탁방식

* 신탁방식 주택연금: ① 복합용도주택, ② 「농지법」상 "농업인 주택" 및 "어업인 주택" 등 주택 소유자의 자격이 다른 법령 등에 따라 제한되어 있는 주택은 제외

담보 선정 방식은 기존에 저당권 방식이었는데 2021년 6월부터 신탁 방식이 도입되었다. 신탁 방식에 대해서 조금 더 알아보겠다.

신탁 방식은 말 그대로 주택금융공사에게 소유권을 이전하는 방식이다. 여기에 몇 가지 장점이 있다. 첫째, 가입자 사망 시 배우자에게 안정적으로 연금이 승계된다. 저당권 방식의 경우 가입자가 사망하면 생존 배우자에게 수급권을 이전하기 위해서는 소유권 이전과 채무 인수 절차를 완료해야 한다. 둘째, 추가 노후 소득 마련이 가능하다. 저당권 방식의 경우 보증금 없

저당권 방식과 신탁 방식 비교

구분		저당권 방식	신탁 방식
담보권 설정 방식		근저당권	신탁등기 (소유권 이전)
유휴공간 임대차 설정		보증금 없는 월세만 가능	보증금 있는 월세도 가능
가입자 비용	담보설정비용 (등록면허세, 지방교육세 등)	약 34만 원 (70세, 3억 원 기준)	7천 원
		약 69만 원 (70세, 6억 원 기준)	
		약 103만 원 (70세, 9억 원 기준)	
	배우자 승계 비용	약 61만 원 (공시가격 3억 원 기준)	-
가입자 사망 시 배우자 승계절차		자녀 동의 → 배우자에게 주택소유권이전 → 연금 승계	배우자에게 자동 승계
채권실행방법		법원경매	공매

는 월세만 가능했는데 신탁 방식에서는 보증금 있는 월세도 가능하다. 셋째, 등록면허세 등 주택연금 가입 시 초기 비용을 줄일 수 있다.

이러한 장점으로 신탁 방식 주택연금이 도입되었다. 2022년 7월부터 기존 저당권 방식 가입자도 신탁 방식으로 전환을 허용하고 있다.

주택연금의 지급 방식

지급 방식은 종신 방식과 확정기간 방식이 있다. 종신 방식은 평생 동안 매월 연금 형태로 지급하는 것으로, 종신지급 방식과 종신혼합 방식이 있다. 종신혼합 방식은 노후에 목돈이 필요한 경우를 위해 인출한도를 설정하고, 남은 금액을 월 지급금으로 활용하는 것이다. 혼합 방식은 종신 지급 방식에 비해 월 지급금이 감소할 수 있다. 확정기간 방식은 일정기간 동안만 연금으로 지급받는 방식이다. 75세 이하인 경우에만 활용할 수 있다.

만약 주택담보대출이 있어도 가입할 수 있을까? 이 문제를 해소하기 위해 대출상환 방식이 도입되었다. 대출 상환용으로 일시에 찾아 쓰고(대출 한도의 90%까지) 나머지를 종신까지 월 지급금을 받을 수 있는 방식이다. 앞서 이야기한 종신혼합 방식은 대출 한도의 50%까지만 가능하다.

또한 우대형 주택연금 제도도 도입되었는데, 취약고령층(시가 2억 원 미만의 주택을 소유한 기초연금 수급자)을 대상으로 일반형 주택연금보다 금액을 우대해서 지급하는 것이다. 월 지급금을 최대 21%까지 추가로 지급한다.

정액형은 평생 매일 동일한 금액의 월 지급금을 받는 방식이고, 초기 증액형은 초기 3년, 5년, 7년, 10년 중 선택한 기간 동

종신 방식의 지급 유형

구분	정액형	초기 증액형	정기 증가형
내용	평생 동일한 금액을 수령	가입 초기 선택한 기간은 정액형보다 많이 이후는 정액형보다 덜 수령(약 70% 수준)	3년마다 4.5%씩 일정하게 증가한 금액을 수령
월 지급금 지급 형태	———	⎺⎺_	_⎽⎼⎺
예상 가입고객	종신까지 안정적으로 동일한 연금액을 지급받고 싶은 고객	은퇴 후 공적연금 수급개시 전이거나 자녀결혼, 의료비 등으로 가입 초기보다 많은 연금액이 필요한 고객	물가 상승에 따른 구매력 저하를 방지해 연금소득의 실질가치를 일정하게 유지하고 싶은 고객

안은 정액형보다 많이 받다가 해당 기간 이후부터는 당초 월 지급금의 70% 수준으로 감액된 금액으로 수령하는 방식이다. 정기 증가형은 최초 월 지급금은 정액형보다 적게 받지만 매 3년마다 월 지급금이 4.5%씩 증가해 고령일 때는 정액형보다 더 많이 받는 방식이다.

정액형은 현금 흐름 예측이 가능한 사람들이 선호하고, 정기 증가형은 물가 상승 리스크를 없앨 수 있는 방식이다. 결국 현재 자신의 상황을 파악하고 그에 맞는 수령 방식을 선택할 필요가 있다.

어떤 상품을 어떤 방식을 선택하는 게 좋은지 도표를 참고하자.

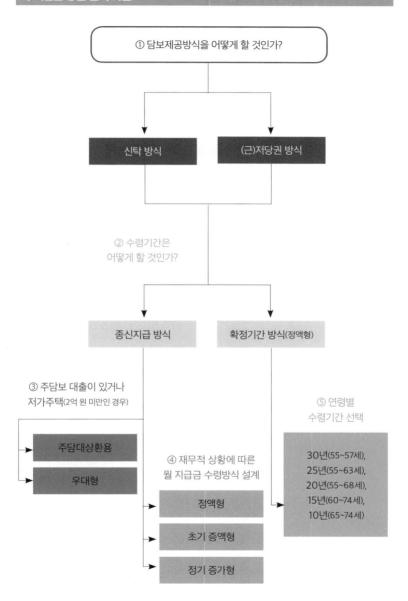

① 담보제공방식을 어떻게 할 것인가?

신탁 방식

(근)저당권 방식

② 수령기간은
어떻게 할 것인가?

종신지급 방식

확정기간 방식(정액형)

③ 주담보 대출이 있거나
저가주택(2억 원 미만인 경우)

⑤ 연령별
수령기간 선택

주담대상환용

우대형

④ 재무적 상황에 따른
월 지급금 수령방식 설계

정액형

초기 증액형

정기 증가형

30년(55~57세),
25년(55~63세),
20년(55~68세),
15년(60~74세),
10년(65~74세)

월 지급금은 얼마나 받을 수 있을까

주택 가격은 한국부동산원 인터넷 시세, 국민은행 인터넷 시세, 국토교통부 공시가격(공시가격이 없는 경우 시가표준액), 감정평가가격(공사와 협약을 체결한 감정평가업자)을 순차 적용하되 고객 요구 시 감정평가가격을 우선 적용할 수 있다(비용은 고객 부담).

주택 가격 및 연령에 따른 월 지급금 (단위: 천 원)

주택 가격/ 연령	60세	65세	70세	75세	80세
1억 원	213	287	308	380	480
2억 원	427	255	617	760	960
3억 원	641	510	926	1,140	1,440
4억 원	855	765	1,234	1,520	1,920
5억 원	1,069	1,020	1,543	1,901	2,400
6억 원	1,283	1,276	1,852	2,281	2,881
7억 원	1,496	1,531	2,160	2,661	3,302
8억 원	1,710	1,786	2,469	2,970	3,302
9억 원	1,924	2,041	2,756	2,970	3,302
10억 원	2,138	2,296	2,756	2,970	3,302
11억 원	2,352	2,552	2,756	2,970	3,302
12억 원	2,504	2,609	2,756	2,970	3,302

월 지급금은 주택 가격 상승률, 이자율, 기대수명 등을 예상해 수지상등 원칙을 만족하는 월 지급금을 매년 산정한다. 수지상등이란 수입(보증료)과 지출(예상 손실)을 맞춰 월 지급금을 산출하는 구조다.

계약이 종료되면 정산이 필요하다. 연금지급총액이 주택처분금액이 많다면 자녀 등 상속인에게 돌려주지만, 연금지급총액보다 주택처분금액이 적어도 따로 청구하지 않는다. 주택연금을 대출이라고 생각하는 사람도 있지만, 그게 아니라 그냥 내가 가진 자산을 미리 당겨쓴다고 생각해도 문제가 없는 이유다.

주택연금의 장점을 정리해보자면 첫째, 가입자 및 배우자 모두에게 평생 거주와 평생 지급을 국가가 보장한다. 둘째, 가입자 사망 후 연금액 감액 없이 배우자도 동일 금액을 보장한다. 다만 저당권 방식의 경우 배우자에게 담보주택의 소유권 이전이 필요하다. 셋째, 자녀에게 합리적인 상속이 가능하다. 보장받은 연금액이 집값보다 적을 경우 남은 금액은 자녀에게 상속되고 집값보다 더 받아도 국가가 부담해 자녀에게 청구하지 않는다. 넷째, 대출이자비용이 소득공제되고(연 200만 원 한도), 치매보험 가입 시 보험료도 10% 할인된다.

주택연금 Q&A

Q. 주택연금을 이용하려면 자녀의 동의가 필요하나요?

법적으로 자녀의 동의는 필요없다. 다만 고객이 사망한 후 주택 상속 문제가 제기될 수 있으므로 자녀와 미리 상의해 공감대를 이루는 것이 중요하다.

Q. 해지 후 재가입이 가능한가요?

3년 이내 동일 주택으로 재가입은 안 된다. 이사를 가서 새로운 주택으로는 가입할 수 있다.

Q. 이사를 가는 경우 주택연금은 어떻게 되나요?

새로 이사한 주택으로 담보주택을 변경해 계속 연금을 받을 수 있다. 다만 이사 당시 기존 주택의 가격과 새 주택의 담보 가격 차액을 비교해 월 지급금 조정 및 초기 보증료(가입비)가 추가 부과될 수 있다.

Q. 재개발·재건축이 예정된 주택도 주택연금에 가입할 수 있나요?

사업 진행 상황에 따라 주택연금 가입 여부를 판단한다. 지방자치단체로부터 관리처분계획인가를 받기 이전에는 가입할 수 있지만 받은 후에는 사업이 실질적으로 진행되어 주택 철거 등이 이뤄짐으로 가입할 수 없다.

Q. 주택연금을 이용하다가 이혼하게 되면 어떻게 되나요?

이혼을 한 경우에도 주택 소유자(가입자)는 주택연금을 계속 지급받지만, 주택 소유자 본인이 사망하면 이혼한 배우자는 주택연금을 승계할 수 없다. 또한 이용 도중 재혼으로 배우자가 생기는 경우, 그 배우자는 주택연금을 지급받을 수 없고 주택 소유자가 사망하면 지급이 중단된다.

Q. 확정기간 방식 선택 시 수급기간 종료 이후 계속 거주할 수 있나요?

수급기간이 경과된 후에도 해당 주택에 계속 거주할 수 있다.

Q. 신탁 방식으로 가입하면 내 집이 통째로 넘어가는 거 아닌가요?

신탁 방식은 신탁계약에 따라 주택연금을 이용하는 동안 소유자 명의를 공사로 이전해 놓는 것일 뿐 주택연금 이용 중 가입자가 원하거나 종료되는 경우, 그동안 수령한 주택연금 대출잔액을 상환하면 가입자에게 다시 주택의 소유권 이전이 가능하다. 또한 저당권 방식과 신탁 방식 간 전환은 언제든지 가능하다.

소중한 재산을 지킬
상속·증여의 기술

세금 과외 선생님

정원준

한화생명금융서비스 세무사

"

증여세는 우리 가족이
언젠가 부담해야 할 상속세를
미리 할인해서 선납하는 세금이라는 걸 기억하자.

"

이건희 회장의 작고 후 삼성이 상속세를 얼마 냈을까? 고 이
건희 회장의 유산은 보유 주식 지분 가치 약 19조 원, 부동산
및 예금 등 자산이 3조~4조 원 정도였다. 상속세는 12조 원
이상이 예상된다. 삼성도 피하지 못한 상속세, 우리는 어떠한
가. 이번 기회를 통해 상속세·증여세의 개념과 절세 팁을 알
아보자.

상속세의 기본 개념과 절세 팁 ◆

상속세의 특징을 알아보자. 고인의 재산이 5억 원 이상이면 상
속세 부과 대상이 된다. 상속세는 고인 재산 전체에 대해서 부

과해 유족이 부담한다. 그다음 일괄공제 5억 원, 배우자 상속공제(5억~30억 원)가 적용된다. 금융재산을 상속하게 되면 20%까지 공제되는데, 2억 원 한도에서 적용된다. 사전에 증여한 재산 중 상속인, 즉 배우자와 자녀는 10년간 합산된다. 상속인 외(손주, 며느리 등)는 5년간 합산된다.

상속재산과 증여재산 평가는 시가다. 시가를 알 수 없는 경우 실무적으로 다음 금액으로 평가한다.

- 아파트, 오피스텔, 동일면적 규격화된 상가: 실거래가
- 비주거용 건물(공장, 지식산업센터 등): 기준시가 → (최근국세청) 감정가액
- 토지: 공시가격

배우자 상속공제는 배우자가 실제 금액으로 공제해주는 주는 것이다. 배우자가 5억 원 미만으로 상속받아도 5억 원을 제하고 30억 원 이상으로 상속받았다면 30억 원까지 공제해준다. 금융재산 상속공제는 20%만 생각하자. 20%인데 2억 원 한도로 공제해준다고 기억해두면 편하다. 동거주택 상속공제는 적용되는 사례가 매우 드물다. 현실적으로 일괄공제, 배우자 상속공제, 금융재산 상속공제 정도가 적용된다고 생각하면 된다.

주요 상속공제

공제항목	상속공제액
일괄공제	MAX[('기초공제 2억 원'+'그 밖의 인적공제액'), '일괄공제 5억 원'] → 실무상 일괄공제 5억원 적용 사례가 많음

배우자 상속공제	배우자상속공제 = Min (배우자가 상속받은 금액, 배우자의 법정상속지분 등, 30억 원)		
	순금융재산가액		금융재산 상속공제
	2천만 원 이하		해당 재산가액 전액
	2천만 원 초과~1억원 이하		2천만 원
	1억 원 초과		해당재산가액×20%(2억 원 한도)
	※배우자가 5억 원 미만으로 상속받아도 최하 5억 원은 공제함		

상속공제	순금융재산가액(금융재산-금융채무) 중 아래 금액 공제 ※상속개시일 이후에 지급받은 사망보험금도 금융재산 상속공제가 가능
상속공제	10년 이상 "1세대 1주택"으로 동거한 상속인(배우자는 제외)이 상속받을 경우 주택가액의 100% 공제(6억 원 한도)

상속세 세율(증여세도 동일)

과세표준	세율	누진공제
1억 원 이하	10%	0
5억 원 이하	20%	1,000만 원
10억 원 이하	30%	6,000만 원
30억 원 이하	40%	1억 6,000만 원
30억 원 초과	50%	4억 6,000만 원

상속세 및 증여세는 과세표준에 따라 세금이 부과된다. 30억 원이 넘으면 50%의 세금이 물린다. 자녀가 존재하는 상황에서 손자·손녀에게 상속되면 30% 할증된다는 것도 기억하자.

집 한 채만 가지고 있어도 상속세 폭탄?

집 한 채 갖고 있어도 상속세 폭탄이라고 하는데, 정말 그럴까? 한번 계산해보자.

집 한 채가 10억 원이면 일괄공제 5억 원, 배우자 상속공제 5억 원이 적용되니까 배우자가 생존해 있으면 상속세가 없다.

집 한 채의 경우 상속세

집값 10억 원	배우자 ○	-
	배우자×	8,633만 원
집값 15억 원	배우자 ○	8,633만 원
	배우자×	2억 3천만 원
집값 20억 원	배우자 ○	2억 3천만 원
	배우자×	4억 2,400만 원
집값 30억 원	배우자 ○	6억 1,800만 원
	배우자×	8억 1,300만 원

* 배우자 상속공제 5억 원 적용 가정

그런데 배우자가 없는 상황이라면 유족이 부담해야 할 상속세는 8,633만 원이다. 이렇게 계산하면 표와 같다.

상속이 일어났을 때 사망 시 배우자가 없는 경우는 절세할 수 있는 포인트가 별로 없다. 사망 시 배우자가 생존해 있으면 배우자가 법정 상속분만큼 상속하는 게 상속세가 줄일 수 있는 현실적인 방법이다.

예를 들어 아버지의 모든 재산이 30억 원이다. 예상 상속세는 사망 시 배우자가 생존하는 경우는 배우자가 법정 상속분 이상으로 상속받는다면 3억 1,399만 원(자녀는 2명으로 가정), 배우자가 5억 원 미만으로 상속받는다면 6억 1,886만 원 정도다.

법정 상속분만큼 상속받는 것은 당장의 상속세를 줄일 수 있지만, 얼마 지나지 않아 어머니 사망으로 재차 상속이 일어나면 어떻게 되는 걸까? 이럴 때는 단기재상속공제가 있다. 상속재산을 물려받고 1년 이내 사망 시 100%, 1년에서 2년 사이에 사망 시 90%, 2년에서 3년 사이에 사망 시 80%… 이렇게 공제해준다. 10년 이상 지나면 공제 혜택 없이 어머니 재산으로 본다.

사망일 기준으로 6개월 이내에 가족 간 협의 분할을 한다. 상속인이 전원 동의해서 협의 분할하게 되면 상속인 간에는 원하는 대로 재산을 나눠가질 수 있고 어머니가 자신의 몫을 포기하고 자녀에게 몰아주더라도 협의 분할 기간 이내에는 증여가 아

6개월 이내	6개월~1년 후	1개월~3개월
사망일	가족 간 협의 분할 완료	세무조사 통보

세무조사
종료

상속세 신고 완료

니다.

만약 협의 분할이 안 되고 고인의 명의로 부동산이 방치되어 있으면 국가는 법정 상속분대로 나눈 것으로 본다.

상속세 신고가 완료되면 6개월~1년 후 세무조사가 나온다. 상속재산 규모에 따라 조사 범위가 다르다.

부채를 차감하기 전 시가로 평가한 상속재산이 50억 원이 넘으면 고인의 주소지 관할 세무서보다 상급 기관인 지방 국세청에서 조사한다. 50억 원 미만이면 관할 세무서에서 조사가 나온다. 세무 조사의 핵심 포인트는 고인의 재산처분 현황, 고인의 계좌인출액 사용 현황, 고인의 채무발생과 그 사용처 등이다. 고인의 계좌 사용액을 소명할 준비를 해야 한다.

절세의 키포인트는 사전 증여를 최대한 활용하라는 것이다. 증여재산 공제는 10년에 한 번씩 공제되는데, 배우자는 6억 원, 자녀 5천만 원(미성년자 2천만 원), 사위 또는 며느리는 1천만 원이

상속재산 규모에 다른 조사 범위

상속재산규모	조사범위	조사기간	계좌조사	
상속재산 20억 이상	금융재산 일괄조회 실시	1개월 전후	연장 가능	과거 5년치
상속재산 30억 이상	상속 개시 후 5년 동안 상속인 재산변동 관리	1개월 전후	연장 가능	과거 5년치
상속재산 50억 이상	지방국세청이 세무조사	3개월	연장 가능	과거 10년치

다. 하루라도 빨리 사전 증여를 할 필요가 있다. 증여재산으로는 시가로 평가되는 아파트보다는 상가나 토지가 낫다. 그다음 30% 할증하더라도 손자(손녀)에게 증여하는 것이 유리하다. 또한 증여세를 대신 내주면 현금을 증여한 것으로 봐서 증여세를 또 내야 하니 주의하라.

10년 내 증여재산은 상속재산에 포함된다. 몰래 빼서 자녀에게 주거나 계좌이체를 한다면 세무조사에서 추징당한다. 즉 현재 재산만 상속세 부과대상이 아니라 10년 내 몰래 준 금액을 포함해 5억 원(또는 10억 원)이 넘으면 증여세 추징 및 상속세가 부과된다.

증여세의 기본 개념과 절세 팁　

증여는 재산을 무상으로 이전하는 행위다. 증여재산에서 10년에 1년 '증여재산공제'를 할 수 있다. 10년 단위로 증여해야 한다는 걸 꼭 기억해야 한다.

자녀에게 10년 단위로 얼마를 증여할 것인가. 상속세와 증여세 세율은 같다(333쪽). 자녀 증여 20% 세금 전략을 짜보자.

5억 5천만 원을 증여하면 5천만 원은 공제되기 때문에 세율 구간은 5억 원 이하라 20%다. 세율 구간은 누진 구조이기에 1억 원까지는 10%, 1억 원에서 초과된 4억 원에 대해 20% 구성되기에 실질적인 세 부담은 20% 이하다. 증여세를 계산하면 8,700만 원이다.

만약 증여하지 않고 부모가 가지고 있다고 했을 때 나중에 증여세도 40%, 자산 가치가 오름에 따라 발생하는 세금까지 떠

안게 된다. 증여했으면 자산 가치 상승, 자산에서 들어오는 수익까지 자녀 몫이 되는 것이기에 결국 상속세도 줄인 것이다.

그래서 계획을 잘 세워서 10년 단위로 증여하는 것이 포인트다. 증여재산공제를 잘 활용하고 가치가 오를 것으로 예상되는 재산, 즉 재건축·재개발·수용예상, 가격이 떨어진 주식 또는 펀드 등을 증여하는 것이 좋다. 공시지가나 공시가격이 고시되기 전에 증여하고, 증여세가 부담된다면 부채(전세금, 근저당채무)를 끼고 증여한다. 물론 부채를 떠넘기는 행위를 양도로 봐서 양도세가 조금 부과될 수도 있다. 또 건물과 토지 중 건물만 증여가 가능하다(자녀건물주, 임대수입귀속).

병원비는 피상속인 재산으로 납부하는 것이 굉장히 유리하고, 주택이 많다면 월세보다는 전세가 더 유리하다. 월세를 받으면 상속세를 계산할 때 공제될 것이 없는데 전세를 받으면 전세 보증금이 고인의 부채가 된다. 물론 전세보증금도 나중에 금융재산으로 들어오니까 그전에 어떻게든 소진해야 한다.

남편이 돌아가셨을 때 부인은 금융재산을 상속받는 게 유리하다. 고인 재산 전체에 부과하는 상속세는 연대 납세 의무다. 상속받은 재산 한도 내에서 어머니가 자녀 상속세를 내면 된다. 또한 재차 상속이 일어날 가능성이 높기에 금융 재산을 받아 상속세로 소진하는 것이 추후 상속세를 절세하는 방법이다.

국세청도 추천하는 상속세 절감 비법이 있는데, 자녀 명의의 보장성 보험에 가입하라는 것이다. 아버지가 사망했을 때 상속공제액은 최소 10억 원이 들어간다. 이때 계약자 어머니, 피보험자 아버지, 수익자 어머니가 된다면 어머니가 낸 돈을 어머니가 타는 것이기 때문에 아버지 상속재산에 포함되지 않는다. 이후 어머니가 사망하게 되면 상속공제가 최소 5억 원으로 축소된다. 이때는 계약자와 수익자를 자녀로 일치시키고 자녀가 소득 마련 후 보험료를 납부한다. 그러면 증여세도 나오지 않고 보험 차익은 비과세가 되기 때문에 단 한 푼의 세금 없이 상속세 재원을 마련 및 상속세 절세로 보험을 활용하고 있다.

부부 교차 종신보험으로 가족의 상속 리스크를 헷지하는 방법은 유태인이 가장 많이 사용하는 방법이다. 예를 들어보자. 누가 먼저 돌아가실지 모르니 계약자, 피보험자, 수익자를 다음처럼 구성해 사망보험을 2개 가입한다.

이때 계약자와 수익자는 일치해야 한다.

남편이 먼저 사망하게 되면 부인이 사망보험금을 비과세 수령한다(상속세+증여세+이자소득세). 상속세 정산 이후 부인의 계약자와 수익자는 자녀로 변경한다. 그러면 자녀도 사망보험금을 비과세 수령할 수 있다.

계약자	피보험자	수익자
부인	남편	부인
남편	부인	남편

상속세·증여세 절세를 위한 핵심 키워드 ◆

마지막으로 상속세 절세를 위한 핵심 키워드는 '전문가와 함께 미리 준비하라'다. 상속세 절세를 위한 증여는 10년 단위로 설계하자. 증여세는 연부연납을 활용하자. 최장 5년간 할부가 가능하고 이자율도 1.2%로 저렴하다. 그리고 누구에게 어떤 재산을 줄 것인지 고민한 다음 재산을 다 주는 게 아니라 일부 계획을 덜어서 증여해야 한다. 가치가 오를 만한 재산을 증여하고 공시가격이 낮게 평가된 자산을 활용해서 증여하는 것이 좋다. 또 상속세를 낼 유동자산을 만드는 게 필요한데, 종신보험 등 상속 시 유동자산을 활용할 수 있다. 상속세가 크다면 연부연납, 최장 10년간 할부를 잘 활용하자.

여기에서 핵심은 증여세를 아까워하지 말라는 것이다. 증여세는 우리 가족이 언젠가 부담해야 할 상속세를 미리 대폭 할인해서 선납한 세금이라는 걸 기억하자.

부록

투자도 삶도 풍요롭게,
문화금융의 세계

정현경

뮤직카우 대표

이승행

아트투게더 부대표

윤성욱

펀더풀 대표

뉴트렌드로 부상 중인 문화금융에 대해 소개해보고자 한다. 문화금융은 노래, 그림, 영화 등 우리 삶과 밀접한 문화에 금융을 창조적으로 융합한 혁신산업이다. 지금부터 문화금융에 대해 알아보고 몇몇 플랫폼을 소개해보겠다.

문화금융이란 무엇일까?　　　　　　　　　

'빅블러(Big Blur)' 현상을 익히 들어보았을 것이다. 『당신이 알던 모든 경계가 사라진다』(조용호 저, 2013)에서 '생산자-소비자, 소기업-대기업, 온-오프라인, 제품 서비스 간 경계융화를 중심으로 산업 및 업종 간 경계가 급속하게 사라지는 현상'을 일컫는 용어로 제시되었다. 디지털 경제로의 전환이 가속화되면서 산업 간의 경계가 모호해지는 경계 융화 현상이라고 할 수 있다.

문화금융은 문화 콘텐츠를 기초자산으로 해서 금융 서비스화한 산업을 말한다. 문화와 금융의 양 산업의 혁신적 시너지를 낼 수 있는 산업이다. 그동안 문화 생태계는 문화 창작자와 문화 공급자 그리고 문화 수요자만으로 이루어졌다. 그러나 문화금융을 통해 문화에 관심이 많은 일반 투자자도 문화 생태계에 편입할 수 있게 되었다.

K팝을 비롯한 문화산업에 대한 관심이 많아졌고, 실제 규모도 성장세에 있다. 앞으로 문화금융 서비스의 비약적인 성장이 기대된다. 지금부터 문화금융 플랫폼을 대표하는 각 사의 서비스를 알아보겠다.

음악 저작권에 기반한 문화금융 '뮤직카우' ◆

정현경 대표

뮤직카우는 음악 저작권에 기반한 문화금융 서비스를 선보인다. 그간 아티스트만의 전유물이었던 음악 저작권을 개인도 소장할 수 있고, 거래할 수 있도록 구현한 세계 최초의 음악 저작권료 공유 투자 플랫폼이다.

아티스트가 음악 저작권료를 매월 한 번씩 정산받듯이 음악 저작권료 수익증권을 가지고 있는 투자자는 본인이 보유한 음악에서 나오는 음악 저작권료를 매월 지급받는다. 배당 수익률은 평균 7% 정도로, 매월 꾸준하게 지급된다. 또한 보유한 저작권은 마켓을 통해서 자유롭게 거래도 할 수 있다.

뮤직카우는 2020년부터 본격적인 서비스를 시작해 빠르게 성장하고 있다. 현재 누적 회원수는 120여만 명이고, 거래 규모는 약 4천억 원에 달한다. 이런 빠른 성장에는 좋아하는 곡을 소장한다는 욕구도 작용하는 듯하다. 뮤직카우에서는 시대와 장르를 대표하는 약 1,200여 곡을 투자할 수 있다.

플랫폼에서 음악 저작권에 투자하는 방법은 3가지다. 처음에 수익증권 형태로 발행하게 되는데, 최초 발행은 옥션으로 진행된다. 만약 옥션 기간을 놓쳤다면 마켓에서 자유롭게 거래할 수 있다. MZ세대에게 특히 인기가 높은 선물하기 방식도 있다. 특별한 노래를 지인에게 선물할 수 있는 것이다.

뮤직카우는 2022년 9월 혁신금융 서비스로 지정받아, 이제 제도권에 첫 발을 들여놓게 되었다. 그만큼 소비자보호가 강화되었고, 신뢰를 확보한 만큼 비약적인 성장이 기대된다.

미술품 공동구매 '아트투게더'

이승행 부대표

아트투게더는 2018년 최초로 시작한 국내 최초 미술품 공동구매 플랫폼이다. 미술품을 1만 원 단위로 나눠서 공동으로 투자하고, 소유 후 최종 매각을 통해 수익을 나누는 형태의 서비스를 제공한다.

아트테크는 미술과 재테크의 합성어로 미술품을 구입해 매각 차익으로 수익을 거두는 재테크 방식이다. 아트투게더는 기존의 고가 미술품을 자체 데이터 분석 시스템을 통해 가격을 산정하고, 공동 구매를 진행 시 투자자의 참여를 이끌어낸다. 매각할 때는 실제 소유자의 투표를 통해 매각을 결정되고, 최종 매각 후 수익을 분배받으면 모든 과정이 끝난다.

기존에 고액 자산가의 전유물이었던 고가 미술품을 일반 고객들이 저렴한 금액으로 공동 소유할 수 있는 서비스를 제공해 미술품의 대중화를 실현하고 있다. 처음 "피카소 작품을 1만 원으로 소유할 수 있는 유일한 방법"이라는 슬로건으로 서비스를 시작해, 지금까지 146점 작품을 투자, 30점 작품을 매각했다. 평균 매각 수익률은 45% 정도고, 연으로 환산하면 173%의 수익이 발생했다. 앞으로도 데이터 매매 기법을 통해 높은 수익률을 제공할 수 있는 서비스를 제공하고자 한다.

K-문화콘텐츠 투자 '펀더풀'

윤성욱 대표

펀더풀은 드라마부터 영화, 웹툰, 전시, 공연까지 일반인이 참여하기 어려웠던 콘텐츠에 투자할 수 있게 만든 서비스다. 콘텐츠에는 유명 투자기관들이 투자하는데, 펀더풀은 투자 영역 중 일정 정도 블록을 빼와 일반 투자자에게 소개하고 합법적인 증권 형태로 발행하고 있다.

2030에게 인기가 많았던 '요시고 사진전'은 전체 자금의 50%를 조달했고, 영화 〈한산〉의 경우 제작비의 6억 원 정도를 기존 투자기관과 동일한 조건으로 투자할 수 있게 소개했다. 드라마 〈결혼작사 이혼작곡〉도 온라인 소액 공모를 통해 5억 원씩 조달했는데, 특정 시청률이 초과되면 여기에 따라 이익을 나눠주는 조건으로 발행했다.

이처럼 펀더풀은 일상에서 쉽게 보고 즐기는 콘텐츠 투자에 참여하는 서비스를 제공한다.

투자 자산으로서 문화금융

미국의 투자은행 골드만삭스는 2022년 6월 13일 발표한 보고

서를 통해 지난 몇년간 '음악 저작권 카탈로그'가 매력적인 자산으로 부상하면서 다양한 영역에서 투자가 일어났다고 진단해 이목을 끌었다. 자산으로서 문화금융은 과연 어떤 가치가 있을까?

투자 자산의 다변화 트렌드에 따라 대체 투자가 주목받고 있다. 대체 투자 분야 중 1위가 음악 저작권, 3위가 미술품, 4위가 영화다. 문화 자산에 대한 관심이 그만큼 큰 것이다.

음악 저작권

골드만삭스가 음악 저작권에 주목하는 이유는 첫째, 매년 성장세를 보이고 있는 성장형 자산이라는 점과 둘째, 거시 경제 요인에 거의 영향을 받지 않아 불황에 강한 자산이라는 점이다. 저작권 시장의 성장은 스트리밍 서비스의 확산 덕분이다. OTT, SNS 등 디지털 매체의 확산이 가속화되며 성장세는 계속될 것이라고 생각한다.

음악 저작권에 투자하는 이유가 무엇일까? 정기적이고 안정적인 저작권료 수익, 변동성을 통한 시세 차익, 문화적 만족도를 꼽을 수 있다. 강조하고 싶은 점은 음악 저작권은 투기성 자산이 결고 아니라는 것이다. 오래 보유하면 꾸준한 현금 흐름이 창출되는 장기 보유형 금융 상품이다. 물론 다양한 요인에 의해 저작권료가 상승하면 시세 차익 이익도 가능하다.

미술품

미술품은 정보 비대칭이 심한 분야인데 플랫폼이 등장하면서 분산투자할 수 있는 방법이 생겨났다. 미술품은 단기간 성과는 낮지만 장기적으로 우상향하는 트렌드를 보인다. 그래서 미술품 투자는 장기적인 관점에서 누구나 수익을 올릴 수 있는 재테크 수단이라고 볼 수 있다.

미술품이 문화금융으로 각광받는 이유는 절세 효과 때문이다. 작품가 6천만 원 이하는 기타 소득세가 면제된다. 보유세, 취득세도 없다. 또한 음악 저작권과 마찬가지로 문화적 만족도도 있다. 직접 구매도 가능하겠지만 플랫폼을 이용하면 편리하게 수익을 얻어갈 수 있을 것이다.

K-콘텐츠

영화나 드라마 등 콘텐츠는 실제 사업에 성공했을 때의 가치가 자산으로서 수익 가치가 된다. 그리고 한국 콘텐츠 인기가 계속 늘어나다 보니 일시적인 것이 아닌 계속 수익 배당이 이어지고 있다. 투자 기간은 콘텐츠 제작 기간과는 관계 없이 플랫폼에서는 1년 내외로 투자하고 정산받을 수 있는 구조를 짜고 있다.

콘텐츠는 자산 가치로도 관심이 많고 수익이 늘어나고 있는 시장이지만 결국 자신이 좋아하는 콘텐츠를 투자 자산으로 만드는 시장이다. 그래서 마케팅적으로도 도움이 될 수 있다. 이런 비즈니스가 새로운 트렌드로 자리 잡으려고 하니 관심 가져 보자.

문화자산 투자 팁

음악 저작권

투자 목적에서 한두 가지 팁을 정리하겠다. 만약 지속적이고 꾸준한 저작권료 수익을 노린다면 노래방 애창곡 같은 스테디셀러를 추천한다.

반면 시세 차익을 노리는 사람들이라면 열혈 팬덤을 거느린 아티스트의 곡을 추천한다. 예를 들어 인기 아이돌이나 아이유 등은 엄청난 팬덤을 거느린 가수들이다. 재화는 인기가 있으면 계속 만들 수 있지만 음악은 무한정 공급하는 자산이 아니기 때문에 추가 공급이 어렵다. 그러다 보니까 자기가 좋아하는 가수의 음악을 소장하고 싶은 팬의 욕구에 따라 장기적으로 보면 가격이 우상향하는 패턴을 그리는 경우가 대부분이다. 그래서 시세 차익은 아이돌 팬덤을 노려보면 어떨까 한다.

미술품

사실 미술품 투자할 때 가장 중요한 것은 유명한 작가의 작품에 투자하는 것이다. 그러면 유명한 작가는 누구일까? 2차 시장, 소위 서울옥션이나 케이옥션에서 경매가 활발하게 올라오는 작품에 투자하면 된다. 경매사가 경매 상품을 구성할 때 이미 트렌드에 맞춰서 작가나 작품을 따져보기 때문이다.

또 일반 투자자는 사실 미술품에 대한 정보를 얻기가 어렵기 때문에 직접 투자하는 것보다는 전문가가 제안하는 아트테크 플랫폼을 통해서 소액으로 나눠서 분산투자하는 게 가장 현명한 미술품 투자 방식이 아닐까 생각한다

K-콘텐츠

자신이 제일 잘 아는 것에 투자하라는 말이 있다. 어쨌든 투자는 원금 손실의 위험이 있다. 그러니 내가 가장 잘 아는 것에 투자하는 것이 가장 좋은 팁이라고 생각한다.

젊은 파이어족 22명의
5가지 공통점

한정수

연두컴퍼니 대표이사

"

어떤 철학과 습관을 가지고
어떤 생각으로 투자와 사업을 했는지
파이어족의 공통점을 알아보려고 한다.

"

나는 2021년 초까지 평범한 직장인이었다. 2010년부터 투자를 계속해 오다가 2020년 코로나로 인해 대폭락을 맞았다. 내게는 위기가 아닌 10년에 한 번 오는 기회였다. 이 시기 레버리지 투자를 시작해 좋은 결과를 얻었을 수 있었다. 기획재정부의 복권위원회에 따르면 평균 복권 실수령액이 13억~14억 원 정도라고 한다. 거의 두 배 정도를 번 거니 굉장히 많이 벌었다고 할 수 있다. 직장인 2대 허언이 "나 유튜브 할 거야." "나 퇴사할 거야." 라고 하는데, 나는 그 2가지를 다 이뤘다.

젊은 나이에 큰돈이 생기는 것의 단점이 무엇일까? 내가 생각하기에는 없다. 오히려 한 살이라도 더 젊었을 때 부자가 됐으면 어땠을까 생각할 정도로 좋다. 한 가지 아쉬운 점은 생각과 고민이 달라지는데 주변 사람들에게는 배부른 고민으로 느껴질 수도 있겠다는 생각이 들었다.

그래서 유튜브를 통해 나와 비슷한 사람을 모집해 개인투자자의 기관화를 고민했다. 개인투자자로서 30억 원이면 기관과 비교할 수 없는 상대적으로 적은 돈이지만 이런 사람들이 300명이 모이면 1조 원이 되고, 기관화되면 더 괜찮은 투자 기회를 모을 수 있을 거라고 생각했다.

그렇게 클럽 알파(CLUB ALPHA)를 만들었다. 회원수는 22명, 평균 나이 32.9세, 자산 규모는 약 1,500억 원이다. 의도한 대로 세미나도 열리고, 분기별로 재미있는 기회가 만들어지고 있다. 회원들의 평균 직업은 '무직'이다. 주식이나 가상화폐 투자, 사업, 부동산 등 대부분 투자로 돈을 벌었다고 한다.

이들의 공통점은 무엇일까? 어떤 종목으로 돈을 벌었다는 공통점이 아니라 어떤 철학과 습관을 가지고 어떤 생각으로 투자와 사업을 했는지, 지금부터 5가지 공통점을 알아보도록 하자.

공통점 1: 목표가 높다

목표를 단순히 높게 두는 것이 아니라 진심으로 이룰 수 있다는 높은 목표를 갖고 있다. 개인적으로 "목표를 말도 안 되게 높게 잡으면 실패해도 남들 머리 위에 떨어진다."라는 말을 좋아한다. 목표가 높다는 말에서 '목표'는 무엇일까?

목표의 본질을 봤을 때 목표는 모든 행동의 의도를 불어넣어 주는 것이라고 생각한다. 성공한 사람들이 공통적으로 말하는 것이 있다. 자신이 하는 모든 일에 의도가 있고, 아무 생각 없이 하는 것이 없어야 한다는 것이다. 모든 행동에 이유가 있어야 남보다 조금이라도 앞설 수 있다.

나는 인생의 궁극적 목표를 먼저 정해놔야 한다고 생각한다. 그런 다음 10년 뒤에 어느 정도 와 있어야 목표를 달성할 수 있을까 생각하고, 1년 뒤에는 어느 정도 와 있어야 할까, 1년 목표를 위해서 한 달 뒤에는 어느 정도여야 할까? 이런 생각을 통해 내일은 뭘 해야 하는지 내일 할 일이 나온다고 생각한다. 궁극적 목표가 정해져야만 내일 할 일에 이유가 정해지는 것이다. 즉 하루하루를 바꾸기 위해서라도 목표가 높아야 한다.

직장인에게 목표는 조금 다른 것 같다. 목표를 설정하는 과정에서 목표를 낮게 잡도록 학습되어 있는 듯하다. 직장인은 연말이나 연초에 목표 설정을 해서 1년 동안 목표를 얼마나 달성했는지 고과 평가를 한다. 평가에 따라 성과급을 받거나 승진에 도움이 되거나 하기 때문에 다음 목표도 여기에 기반해서 설정한다. 그러다 보니 성장을 위한 목표가 아닌 달성을 위한 목표를 잡게 되는 것이다.

100% 성장 10% 성공률과 10% 성장 100% 성공률이 있다

면 무엇을 선택할까? 클럽 알파는 10% 성공률이라도 100% 성장을 선택한다. 100% 성장을 노리고 1년을 살면 성공을 못하더라도 10% 성장에 성공해 멈추는 사람보다 더 크게 성장한다.

파이어족의 목표도 다양하다. 33살에 1천 억 원 모으기, 미국 하이엔드 부동산 진출, 전용기 구독 사업, 서울 고급 요양병원 사업 등 서로의 다양한 목표를 이야기하며 서로에게 자극받는다.

공통점 2: 실천한다 ◆

두 번째 공통점은 바로 실천이다. 보통 준비 → 조준 → 발사의 과정을 거친다. 하지만 나는 준비 → 발사 → 조준이다. 발사부터 하고 결과를 본 뒤 다시 조준을 해서 발사한다. 실행을 빠르게 해서 가설을 검증하는, 일단 행동하는 것을 중요시하는 것이다.

파이어족 22명도 이런 실천에 능하다. 무모할 정도의 실천력을 가졌다. 그러다 보니 남들이 보기에 대책 없다고 느껴질 정도의 자퇴, 퇴사 스토리를 하나씩은 갖고 있다. 어떻게 보면 투자로 이 정도 결과를 얻으려면 겁먹지 않고 실행해야 하는데, 파이어족은 그런 과정을 잘해온 사람들이기에 좋은 결과를 얻을 수 있었다고 생각한다.

누구나 실천해야 한다는 사실을 알고 있다. 결국 못하는 이유는 게으름과 확인 부족 때문이다. 그럼 어떻게 해야 할까? 나는 게으름을 이기기 위해 행동의 비용을 낮춘다. 내 행동에 대한 기대를 낮추고 고민하지 않고 행동하는 것이다.

넷플릭스와 틱톡을 비교해보자. 넷플릭스는 영상 길이가 한두 시간 이상이고 직접 선택하며 기대감이 높다. '실패하지 않게 재미있는 걸 고르겠어.'라는 생각으로 발걸음을 못 떼는 상황이 생기기도 한다. 반면 틱톡은 1분 내외의 영상에 선택권이 없이 넘기게 되고 기대감 역시 낮다. 그럼에도 실질적으로 콘텐츠를 소비하는 시간이 많다.

행동할 때도 이렇듯 잘게 잘라서 생각해야 한다. 아까 말했던 직장인 2대 허언은 왜 허언이 되었을까? 유튜브도 퇴사도 한 번에 하기 굉장히 어려운 큰 일이기 때문이다. 비슷한 허언은 또 있다. "나 책 읽을 거야."다.

나는 직장인 1년 차에 책 100권 읽기를 시작했다. 이때 110권을 읽은 경험이 있는데, 가장 먼저 한 일은 행동을 쪼개는 일이었다. 유튜브를 할 거면 편집 프로그램부터 깔고, 퇴사를 할 거면 월급 외 수익을 만들고, 책을 읽을 거면 책의 첫 장을 펴는 것이다. 사실 첫 장을 펴는 게 어렵지 막상 첫 장을 펴서 읽다 보면 계속 읽게 되고 관성적으로 계속 하게 되는 힘이 생긴다.

제자리걸음을 버틸 수 있는 확신도 필요하다. 결과를 보면 하루아침에 성공했다고 생각할 수도 있지만, 이를 위해서는 아무 결과 없는 시간도 많았다. 그런 제자리걸음에서 확신이 없어지지 않고 유지될 수 있어야 한다. 여기에 세 번째 공통점이 있다.

공통점 3: 여유가 있다

세 번째 공통점은 여유다. 몇 년간 제자리걸음을 하더라도 '내가 계속 공부하고 이 정도 준비했으니 괜찮겠지. 기다려보자.' 하는 여유를 가지고 있어야 한다. 그러기 위해서는 성장은 계단식으로 이루어진다는 것을 이해해야 한다.

몇십 년 동안 아무것도 일어나지 않기도 하지만, 몇 주 동안 몇십 년에 걸쳐 일어났어야 할 일이 일어나기도 한다. 성장도 똑같다. 계속 노력을 투입하는데 성장을 안 하는 시기가 있다가 어느 순간 계단을 오르듯이 한번에 몇 년간 결과물을 보상받을 정도로 성장한다. 기업 역시 매출을 늘려 단계적으로 성장하기도 하지만 위험관리를 제대로 못한 경쟁사가 내·외부의 파도에 무너질 때 점프하듯이 성장하기도 한다. 그러니 조급해할 필요 없다. 점프하는 시기와 점프를 준비하는 시기가 따로 있다고 생각하면 여유를 가질 수 있다.

나는 2010년부터 계속 투자해왔고, 클럽 알파 회원들도 오랫동안 투자해왔다. 꾸준히 투자해오다 2020년 코로나 대폭락이라는 큰 파도를 타고 점프하듯이 계단식으로 성장할 수 있었다. 어쩌면 지금 투자하기 재미없는 시기로 느껴질 수 있다. 2020~2021년에는 뭘 사도 상승하는 시기였으니 투자가 재밌고 공부도 재밌었지만, 사실 진짜 준비를 잘해야 하는 시기가 요즘 같이 모든 게 떨어지는 시기라고 생각한다. 앞에서도 말했듯이 압도적 목표를 설정하고 덧셈 성장을 넘어 곱셈 성장을 해야 한다. 직장인에서 파이어족으로, 부호로, 재벌로 몇 번의 점프를 위해 여유를 갖고 준비해야 한다.

만약 여유가 없으면 투자에 확신 없이 명분만 찾는다. 남들은 돈을 버는데 나만 못 버는 것 같은 기분에 공부 없이 다른 사람들의 말에 휘둘려 투자한다. 공부를 하지도 않았는데 정보가 나한테까지 들린다는 것은 실은 끝물이다. 누가 봐도 흐름이라면 흐름이 바뀌기 직전인 경우가 많다.

빚투로 예를 들어보자. 빚을 내서 투자한다는 것은 본질적으로 돈을 빌려서 자산을 산다는 것이다. 어떻게 보면 돈을 빌려서 돈을 판다라고 생각할 수도 있다. 주식에서 공매도와 비슷한데, 공매도는 특정 종목의 주가가 하락할 것으로 예상되면 해당 주식을 보유하고 있지 않은 상태에서 주식을 빌려 팔고 주가가 떨어지면 싼 값에 사서 갚는 것이다. 즉 빚투는 현금 가치 하락, 금리 인하에 베팅하는 것과 같다. 개인적으로 2020년 3월은 모두가 자산을 팔아 현금을 보유하고 연준에서 금리 인하를 하겠다는 메시지를 줬기에 현금 공매도(빚투)도 좋은 시기였지만, 빚투가 유행했던 2021년에는 오히려 위험했다.

만약 빚투를 해서 나쁜 결과를 얻었다면 어떻게 해야 할까? 그냥 운이 나빴다고 생각해야 할까?

공통점 4: 복기한다 ◇

여기서 나오는 것이 네 번째 공통점, 복기다. 과거를 기억하지 못하는 사람은 무조건 같은 과거를 반복한다.

2022년 루나 사태를 기억할 것이다. 클럽 알파에도 루나나 테라로 자산을 가지고 있던 사람이 있었다. 이 사람은 2021년 디패깅이 일어났을 때 조금 더 공부하고 수소문해보고 나서 전량 정리를 했다고 한다. 자산과 연관된 이슈를 공부하고 복기하고 전략을 짜놓지 않았다면 대부분의 자산이 날아갈 수도 있었지만 다행히 피할 수 있었다.

투자든 사업이든 사기꾼은 많고 돈을 잃을 수 있는 상황이 있지만 게임을 욕하지 말고 룰을 배워야 한다. 욕하지 말고 복기를 해야 한다.

복기의 기본은 기록이다. 내 이야기를 해보겠다. 시장이 좋아

주변 사람들이 환희에 차 있을 때 스스로 합리적인 편이라고 생각하고 있었다. 하지만 돌아보니 나조차도 낙관주의에 빠져 있었다. 이렇듯 1달 뒤 복기와 1년 뒤 복기가 다르다. 새롭게 느끼는 것도 많으니 꼭 복기를 해보기를 바란다.

공통점 5: 친구가 있다

사실 친구는 페이스메이커 역할을 한다. 개인적으로 이 공통점이 중요하다고 생각한다. 특히나 요즘 같이 어려운 시기 함께할 수 있는 친구가 있다면 마음의 여유가 가질 수 있다. 그리고 앞서 나열한 공통점도 친구가 있으면 더 쉽게 할 수 있다.

예를 들어 클럽 알파 회원처럼 높은 목표를 가진 사람이 주변에 많다면 스스로 목표를 경쟁적으로 잡을 수 있다. 옆 사람이 실천하면 나 역시도 게으름을 극복하며 실천할 수 있다. 혼자 있으면 아무래도 여유가 없어지기 쉬운데 서로를 다독이며 여유를 만들 수 있다. 단체 대화방에서 복기하는 것도 더 수월하다.

만약 사업이나 투자를 혼자 하고 있다면 주변에 비슷한 사람을 찾아보자. 성장은 외로운 일이다. 주변에 성장에 관심이 없는 사람들만 있다면 느리게 성장하게 된다. 나보다 더 빨리 뛰어가고 있는 사람을 옆에 둬야 성장이 빨라질 것이다.

2023 대한민국 재테크 트렌드

초판 1쇄 발행 2023년 4월 6일
초판 3쇄 발행 2023년 4월 26일

엮은이 조선일보 경제부
펴낸곳 원앤원북스
펴낸이 오운영
경영총괄 박종명
편집 최윤정 김형욱 이광민
디자인 윤지예 이영재
마케팅 문준영 이지은 박미애
등록번호 제2018-000146호(2018년 1월 23일)
주소 04091 서울시 마포구 토정로 222 한국출판콘텐츠센터 319호 (신수동)
전화 (02)719-7735 | **팩스** (02)719-7736
이메일 onobooks2018@naver.com | **블로그** blog.naver.com/onobooks2018
값 19,500원
ISBN 979-11-7043-399-6 03320